KB189725

아모스
의
종소리

하종태 지음

주어진길

Coram Deo
하나님 앞에서

아모스의 종소리

초판 1쇄   2020년 5월 12일

지은이| 하종태
발행인| 하종태
편집 · 디자인| 김향애
발행처| 주어진길
인쇄 · 유통대행| (주)북랩
출판등록| 2019년 11월 25일, 제 2019-12 호
주소| 경북 경산시 대학로42길 5, 301호(계양동)
전화| 010-4522-9730
이메일| likejc@hanmail.net

ISBN 979-11-969152-1-6 03230

값 12,000원

이 도서의 국립중앙도서관 출판예정도서목록(CIP)은 서지정보유
통지원시스템 홈페이지(http://seoji.nl.go.kr)와 국가자료종합목록
구축시스템(http://kolis-net.nl.go.kr)에서 이용하실 수 있습니다.
(CIP제어번호 : CIP2020018010)

들어가는 말

한국교회는 짧은 역사에도 불구하고 과분할 정도로 하나님의 사랑을 받았다. 특히 대한민국의 건국과 발전의 주축이 되었으며, 질적·양적으로 균형 있게 성장해 왔다. 하나님께서 주신 사명도 잘 감당해왔다. 하지만 안타깝게도 2000년대를 전후해 서서히 방향을 잃어버렸다. 서구교회의 장점은 계승하고, 단점은 개선해야 함에도 불구하고 그저 답습하는데 머물렀던 것이다. 너무 안일하게만 생각했다. 초심과 신앙의 본질을 잃어버리고, 양적 성장에만 취해 있었던 것이다. 복음화가 표면적, 기복적으로 치우치다 보니, 교회는 점점 세속화되었다. 그 틈을 타서 온갖 이단이 기승을 부린다. 선교 만능주의, 세상 친화적(극장식) 예배당 건축 및 리모델링, 세상 음악(CCM, 그룹사운드, 댄스 등)의 무분별한 도입, 인간 편의주의에 의한 주일오후예배 시간 및 예배 순서 변경, 교회의 기업화와 물질·물량 만능주의, 소그룹 활성화로 인한 예배의 소홀, 교회 질서와 전통의 점진적인 와해(瓦解), 목회자의 세속화 및 영적 권위 실추 등이 대표적인 예이다. 결국 기형적인 교회가 되어버렸다. 하나님 중심이 아니라 인간 중심의 교회, 거룩하고 경건한 교회가 아니라 세속적인 교회가 되었다. 아모스의 종소리가 더욱 애절하게 들려온다.

2020년 5월
계양동에서 하종태

차례

교회와 음악

온전한 신앙생활

칼럼 및 비평

묵상노트

행위와 은혜

행위를 부정하는 사람들이 어떤 방식으로
하나님을 사랑하고 이웃을 사랑하는지 궁금하다

하나님은 인간을 사용하시고
인간은 행위를 통해 하나님의 뜻을 이루어간다

그릇이 없으면 물을 담을 수 없는 것처럼
우리의 믿음은 행위를 전제로 한다

단지 주의해야 할 것은 가식이냐 외식이냐이다
그래서 분별력이 필요하다

인간은 은혜를 좋아하지만
은혜를 제대로 이해하지 못한다
그저 이용할 뿐이다

은혜는 달콤한 속삭임이 아니다
은혜는 우리에게 엄청난 행위를 요구한다

인간이 은혜를 제대로 깨달으면
아마 은혜를 거부할지도 모른다

하나님은 동일하시다

구약의 하나님이나 신약의 하나님이나 지금 이 시대의 하나님은 동일하시다. 당연한 듯 들리는 이 말에 표면적으로는 대부분 동의할지 모르지만 실상은 그렇지 않은 듯하다. 구약시대의 거룩하신 하나님이 예수님의 속죄를 거친 지금은 실용적인 하나님으로 변화된 것이 아니다. 다윗이 죽을 날이 임박하여 그의 아들 솔로몬에게 명령하였던 "네 하나님 여호와의 명령을 지켜 그 길로 행하여 그 법률과 계명과 율례와 증거를 모세의 율법에 기록된 대로 지키라 그리하면 네가 무엇을 하든지 어디로 가든지 형통할지라"(왕상 2:3)라는 그 약속의 말씀이 폐기된 것이 아니다. 우리는 법률과 계명과 율례와 증거를 신약을 포함한 하나님의 말씀으로 적용하고 있다. 율법적인 행위에 의해 구원을 받는 것은 아니지만 하나님의 백성이라면 여전히 하나님을 경외하고 하나님의 명령을 지켜야 한다. 하나님은 여전히 거룩하시고 홀로 존귀하신 분이다. 구약시대나 지금이나 이것은 동일한 원리이다. 형식은 폐기되었지만 내용까지 폐기된 것은 아니다. 우리는 마치 옛날에는 정성을 다해 하나님께 드리던 것을 이제는 적당하게 드려도 된다고 생각하는 듯하다. 아버지가 마치 친구라도 된 것처럼 말이다. 하나님께서는 아무것도 안 보는 것이 아니라 중심을 본다고 분명히 말씀하셨다. 이는 예수님도 동일하다. 옛날에는 세마포 입고 두렵고 떨리는 마음으로 하나님을 대했다고 하면, 지금도 비록 옷은 허접하지만 그 마음은 동일해야 하는 것 아닌가? 하나님의 성품은 하나도 바뀐 것이 없다. 신전 의식(Coram Deo)이라고는 눈을 비비고 봐도 없다. 이것은 분명 심각한 문제다. 하나님 앞에 꿇어 엎드려있는 것은 고사하고, 하나님 위에 발라당 누워있는 듯하다. 두렵고 떨리는 마음이 없다. 우리가 하나님을 아저씨로 무례하게 대접하면 하나님도 아마 우리를 주워온, 덜떨어진 자식쯤으로 취급할 것이다.

예수 믿는다는 것

예수 믿는다는 것이 이렇게 어려운데
예배마다 사람들이 가득한 것을 보면
그저 경이로울 따름이다.
신자(信者) 같기도 하고
아닌 것 같기도 하고.

신자감별법

신자(信者)를 아는 확실한 기준이 있다.
자기 인생의 주인(主人)이
누구인지를 보면 된다.

신자와 믿음

신자(信者)의 가장 큰 숙제는
실제로 얼마나 믿는가이다.

신자의 가장 큰 착각은
믿는다고 실제로 믿는 것이다.

인간의 속성

인간은 대단하다.
그래서 위험하다.

믿음의 순도

믿음은 100%밖에 없다.
0~99%는 믿음이 아니다.

여호와의 이름

나는 얼마큼 작으냐?

세상이 크게 느껴질 때마다
다윗 생각이 난다.
용장 골리앗을 상대한 다윗의 기개(氣槪)는
그야말로 대단하다.

다윗이 블레셋 사람에게 이르되
너는 칼과 창과 단창으로 내게 나아오거니와
나는 만군의 여호와의 이름 곧 네가 모욕하는
이스라엘 군대의 하나님의 이름으로 네게 나아가노라….

거대한 해일이 아니라
조그마한 파도에도 두려워 떠는 내 모습은
하나님의 이름과는 전혀 어울리지 않는다.

기개는 개뿔….
혼자 쪼그라들 때까지 쪼그라든다.

골리앗이 공격하기도 전에
혼자 쪼그라든다.
더 쪼그라들 수 없을 때까지….

나는 얼마큼 작으냐?
다윗은 진짜 같고
나는 가짜 같다.

기도의 주파수

기도의 대상이 분명하지 않으면 기도해서는 안 된다.
나는 지금까지 잘못 기도했다.
성령님의 임재 없이는 기도할 수 없다.
하나님의 눈을 바로 바라보며 기도해야 한다.
기도하기 전에 먼저 주파수를 확인하는 것이
매우 중요하다.
찬양도, 예배도, 헌금도, 사역도 마찬가지이다.

우리는 왜 노래만 하는가

우리는 왜 노래만 하는가?

교회를 교회되게
예배를 예배되게

주님 말씀하시면
내가 나아가리다

주님 뜻이 아니면
내가 멈춰 서리다

생각하기

우리가 무엇을 하기 전에
무엇을 하려고 하는지,
왜 하려고 하는지
곰곰이 생각해볼 필요가 있다.

교회는 하나다

"주도 한 분이시요 믿음도 하나요 세례도 하나요 하나님
도 한 분이시니…"(엡 4장 5~6절)

그럼에도 불구하고 교회는 가톨릭교회(천주교), 동방
정교회, 개신교(기독교). 개신교는 또 성공회, 루터교, 장
로교, 순복음교회, 성결교, 감리교, 침례교. 장로교는 통
합, 합동, 고신. 합동은 또 수십 갈래로 분열되었다. 교회
는 이렇게 속수무책으로 분열되었고, 우리는 이중 어딘가
에 속해 있다. 언젠가부터 교회일치에 대한 논란이 쟁점
(爭點)이 되고 있다.

다들 아버지라고 하는데, 정작 아버지는 당혹스러울 듯
하다. 참 기가 찰 노릇이다. 하나님은 한 분이시고 예수님
은 하나라고 가르쳤는데…. 2000년이 지나는 사이 이렇
게 사분오열(四分五裂)되었다. 그 중심에는 교리(教理)
와 이권(利權)이 있다. 다들 고상하고 거룩한 논리를 내

세우지만 대부분은 핑계일 뿐이다. 나눠진 데는 이유가 없다. 분열에는 어떠한 이유도 정당화될 수 없다. 그저 불순종이고 죄(罪)다. 속히 하나가 되어야 한다. 교회는 원래 하나여야 하기 때문이다. 하나가 아니면 이미 교회가 아니다.

성도(聖徒)의 종류

자칭성도: 성도같이 안 보이는데
　　　　　스스로 성도라고 하는 사람
유사성도: 어떻게 보면 성도같이,
　　　　　어떻게 보면 성도가 아닌 것같이 보이는 사람
진짜성도: 누가 봐도 성도같이 보이는 사람,
　　　　　성도가 아니라면 이해가 안 되는 사람

　나는 어떤 성도인가?

인간의 민낯

이스라엘 왕들(사무엘상-열왕기하)

순종(!)/불순종(?)/순종 → 불순종(!?)

<유다> 사울(!?)-다윗(!!)-솔로몬(!?)-르호보암(?)-아비얌
(?)-아사(!)-여호사밧(!)-여호람(?)-아하시야(?)-요아스
(!)-아마샤(!)-웃시야(!)-아사랴(!)-요담(!)-아하스(?)-
히스기야(!!)-므낫세(??)-아몬(?)-요시야(!!)-여호아하스
(?)-여호야김(?)-여호야긴(?)-시드기야(?)

<이스라엘> 여로보암(?)-나답(?)-바아사(?)-엘라(?)-시므
리(!)-오므리(?)-아합(??)-아하시야(?)-요람(?)-예후(!!)-
여호아하스(?)-요아스(?)-여로보암(?)-스가랴(?)-[살룸]-
므나헴(?)-브가히야(?)-베가(?)-호세아(?)

  사무엘상 8장에서 열왕기하 마지막 장까지 묵상하다

보면 어느샌가 나도 모르게 침울해진다. 여기에 언급된 이스라엘 왕들을 보면 "인간에게 희망이 안 보이는 것은 이상한 것이 아니구나!"라는 생각이 자연스럽게 든다. 김영삼, 이명박 대통령도 이해가 된다.

총 42명의 왕 중 하나님의 말씀에 순종한 왕이 12명, 불순종한 왕이 27명, 순종하다가 불순종으로 끝난 왕이 2명(사울, 솔로몬), 정확한 설명이 없어 판단하기 어려운 왕이 1명(살룸)이다. 하나님 편에서 베스트 왕을 꼽는다면 아마 다윗, 히스기야, 요시야, 예후 정도일 것이다. 진짜는 10% 정도다. 그야말로 절망적이다. 하나님께서 '그래도'라는 인간의 의지를 무참하게 꺾어버리는 듯하다. 이것이 인간의 민낯이다. 순종한 왕이 12명, 즉 35%라는 사실이 희망적으로 보일지도 모른다. 하지만 이스라엘은 100% 하나님께서 택하신 나라이자 민족이라는 사실을 감안하면 결코 긍정적인 데이터가 아니다. 한 교회 성도의 65%가 하나님의 명령과 관계없는 삶을 살아간다고 생각해보면 그 심각성을 이해하기가 그리 어렵지 않을 것이다. 한 가지 더 절망적인 사실은 하나님 편에서 베스트 왕으로 꼽힌다는 다윗, 히스기야, 요시야, 예후의 자녀들이 하나같이 부모의 신앙과 다른 길로 갔다는 점이다. 자녀교육에 그렇게 철저한 이스라엘이 이렇다면 우리는? 경각심이 필요한 이유이다.

기도의 목적

나는 요즘 더 많이 기도하려고 애쓴다
하지만 습관적으로 청구서부터 내민다
물론 세상적인 요구는 아니지만…

그래서 기도의 목적을 되짚어본다
왜 기도하려는가?
내 기도의 목적은 하나님과 친밀해지는 것이다

그래서 뭐 하려고?
하나님께서는 나에게 무엇을 원하실까?
하나님의 뜻을 알기 위함이다

왜?
하나님께서 나를 만드시고
이 땅에 보내셨기 때문이다

뜻이 하늘에서 이루어진 것같이
땅에서도 이루어지이다
이것이 다다

하나님의 뜻

하나님!
왜 저는 하나님의 뜻을 이룰 수 없나요?

무식?
무일푼?
무능력?
아니면…

하나님!
말 좀 해보세요!
하나님의 뜻을 모르기 때문인가요?
네, 하나님?

3까

"그러므로 염려하여 이르기를 무엇을 먹을까 무엇을 마실까 무엇을 입을까 하지 말라 이는 다 이방인들이 구하는 것이라 너희 하늘 아버지께서 이 모든 것이 너희에게 있어야 할 줄을 아시느니라"(마 6:31~32)

인간은 누구나 이 덫에 걸려있다
  "무엇을 먹을까?"
  "무엇을 마실까?"
  "무엇을 입을까?"

이것은 이방인들이 구하는 것이라 했는데
하나님은 우리가 필요한 것을 다 아신다고 했는데

이게 우리의 수준인가 보다
아버지보다는 아버지의 손만 바라보는…

그릇을 반듯하게

하나님께서 우리에게 복(응답, 고난, 은혜, 사명)을 부어주시더라도 우리 그릇이 반듯하지 못하면 다 쏟아버린다. 그래서 먼저 우리 그릇을 반듯하게 하는 것이 중요하다.

가장 큰 복

지금 돌아보면 하나님께서 내게 주신 가장 큰 복은 갖고 싶은 것이 없다는 것이다.

하나님께서 허락하신 것

몸살인데 새벽 4시도 안되어 벌떡 일어났다. 어제는 지인 문상도 못 갔다. 부조 5만 원 낼 형편이 안 되어서이다. 어려운 사람 도와줄 거라고, 작곡 발표회 할 거라고, 잡동사니 요금, 헌금, 잡비를 위해 조금씩 남겨둔 돈, 통장마다 싹싹 긁어모아도 90만 원 채 안 된다. 집사람 통장은 더 심각하다. 당장 여기서 20만 원이라도 줘야 할 형편이다. 여하튼 다 합해서 100만 원이라고 하자! 전세 빚 7천만 원, 마이너스통장 −600만 원 풀! 게다가 신용카드 결제 대금도 있다. 이리저리 어림잡아도 −7천8백만 원에 육박한다. 여기에 잔고 100만 원 다 넣어도 −7천7백만 원이다. 전세만 없으면 −700만 원! 이 정도면 사실 옛날에 통에 가루 한 움큼과 병에 기름 조금 남은 사르밧 과부(왕상 17:12)보다 나을 것이 없다. 그런데도 태연하다. 위기인데 위기감을 못 느낀다. 당장 돈이 없다고 아우성은 치지만 "다른 사람들도 별반 다르지 않은데"라는 생각이 마음 한구석에 자리 잡고 있다. 사르밧 과부는 거의 수입이 없었지만 우리는 그래도 집사람은 기간제 교사요, 나는 세 대학에 출강하는 시간강사이다. 심각한 불감증이다. 이건 하나님의 은혜가 아니다. 빚내는 것이 하나님의 은혜는 아니다. 벌써 금식 기도에 들어가고도 부족한 시점이다. 빨간불이 벌써 들어왔는데도 기도는 안 하고 빚만 더 낼 궁리를 한다. 이것은 하나님의 방식이 아니다.

어제 가정예배 후 아이들에게 말했다. 경제생활을 이렇게 하면 안 된다고. 장기 대출(거의 무기한), 마이너스, 신용카드 사용을 당연한 것처럼 생각해서는 안 된다고. 마이너스, 장기 대출하기 전에 꼭 필요한 건지 체크하고, 미리 하나님께 구해야 한다고. 예를 들어 등록금이 없으면 갑자기 엄마에게 달라고 하지 말고 미리 기도해야 한다고. 무작정 대출하지 말고 하나님께서 주실 때까지 기다려야 한다고. 기도하지 않고 대출부터 하면 하나님의 방식이 아니라고.

빚내서 다 해결하고 하나님의 은혜라고 하는 것은 상당히 왜곡된 신앙이다. 대부분 분수에 맞지 않는 경제생활이다. 우리는 대부분 이렇게 살아가고 있다. 매우 잘못된 방식이다. 이런 방식으로는 진정한 하나님의 은혜를 경험할 수 없다. 자녀에게 용돈도 안 줬는데, 미리 빚내서 하고 싶은 것을 다 하고 있다고 생각해보라! 하나님께서 허락하지 않은 것을 임의로 하고 막다른 골목에 다다르면 하나님께 원망, 불평하는 것과 뭐가 다른가!

　이것은 건강한 신앙생활이 아니다. 믿음도 은혜도 아니다. 아주 나쁜 습관일 뿐이다. 이런 사람들은 믿음이 있어서는 안 된다. 사소한 것까지 하나님께 구하며, 철저하게 주시는 것만 사용하는 습관부터 들여야 한다. 아무리 급해도 하나님께서 허락하신 것이 아니면 손대지 말자!

오니 오나 카나

오니 오나 카나?
가니 가나 카나? ….
(장모님이 돌아가신 장인어른에게 하시는 말)

하나님도
"기도하나?"
"예배하나?"
"잘 살고 있네!"
한마디만 하시면 얼마나 좋을까!

아는 척 모르는 척

어두움 때문에
알기가 어렵다
그래서 아는 척한다

혹 안다 해도
행하기가 어렵다
그래서 모르는 척한다

인간은
참 우둔하고
비겁하다

전도

요즘 사람들은 사실을 사실대로 말하면 싫어한다.
곧 지옥으로 떨어지려는 사람에게도 점잖게
"오, 형제님! 까딱했으면 웅덩이에 빠질 뻔했잖아요!"
또는 "오, 자매님! 거기 조금 지저분해요!"라고 해야 한다.
아니면 에티켓 없는 예수쟁이라고 나무란다.

비행기와 날파리

우리는 날파리(세상적인 욕심과 근심) 때문에 비행을 주저한다.

비행기가 비행하는데 날파리가 무슨 문제가 되겠는가?

하나님은, 우리의 믿음은 위대한 것이다.

그와 비교가 되지 않을 정도로….

그저 전진하기만 하면 된다.

날파리는 알아서 피한다.

불도저가 개미 때문에 멈추지 않는 것처럼….

하나님께 감사할 이유

내가 하나님께 감사하고 기뻐하는 이유는
하나님께서 나와 함께 하신다는 사실과
내가 그 하나님을 믿는다는 사실 때문이다.
이 외에는 어떠한 이유도, 조건도 없다.

우리가 제대로 예배하지 못하는 이유

우리가 하나님께 제대로
예배하고 찬양하지 못하는 이유는
하나님을 제대로 모르기 때문이다.
그 위대하심과 전능하심,
그 크기와 높이와 깊이와 넓이를
도무지 가늠할 수 없기 때문이다.
만약 그것을 조금이라도 인지한다면
이렇게 형편없이 예배하고 찬양하지는 않을 것이다.

설탕 핫도그

핫도그에 설탕을 뿌리다 보니
설탕 핫도그가 되었네
이것이 지금 한국교회의 실상이다

구원의 기쁨

우리는 구원을 하나의 단편적인 사건으로 인식하는 경향이 있는데, 사실 구원의 기쁨은 마치 해가 수백만, 수억 개의 전구와 비교가 안 되는 것처럼 크고 놀랍고 총체적인 것이다. 세상이 주는 그 어떤 기쁨과도 비교할 수 없는 것이다. 우리에게는 구원의 기쁨과 또 무엇이 필요한 것이 아니라 그것이면 충분하다. 그래서 놀라운 것이다.

표리부동(表裏不同)

한국 민주주의가 그러한 것처럼
한국교회 성도들의 삶도
왠지 주물럭처럼 보인다.

말은 공평하고 공정하며 정의로운데
실상은 그렇지 않은 것처럼,
말은 하나님을 경외하고 사랑한다는데
실상은 그렇지 않은 듯하다.

추운데 따뜻하다

추운데 따뜻하다

추워서 추우면
그야말로 모든 것을 잃어버린다

감사하게도
추운데 따뜻하다

우리는 왜

우리는 왜 박수 없이 뜨겁지 못할까
우리는 왜 드럼 없이 뜨겁지 못할까
우리는 왜 경건하게 뜨겁지 못할까

허깨비 같은 세상

그럴듯한 것이 문제다.

적당한 거리에서만 보면
모든 것이 그럴듯하게 보일 뿐,
—때로는 아름답기까지 하지만—
문제의 진정한 실체는 노출되지 않는다.

정확한 진단도, 치료도 요원하다.

우리는 언제까지 그럴듯하게만 살아야 하나?
참 허깨비 같은 세상이다.

아모스의 종소리

늦다고 생각할 때가 가장 이른 경우도 있지만
실제 늦은 경우도 있다는 사실을 간과해서는 안 된다.

경고가 심판으로, 절기가 애통으로,
노래가 애곡으로 변할 때가 있다.

염치없게도 남은 자에 기대를 하지만,
미안하지만 남은 자 아니거든요….

> "내 백성 중에서 말하기를 화(禍)가 우리에게 미치지 아
> 니하며 이르지 아니하리라 하는 모든 죄인은 칼에 죽으
> 리라"(암 9:10)

타이타닉은 왜 침몰했는가

오늘도 그날,
대서양의 타이타닉처럼
아무 일도 일어나지 않을 것처럼 보인다.
그저 안개가 조금 꼈을 뿐이다.
몇몇 사람들이 경고함에도
그런 사람들은 늘 있어왔다고 생각한다.
마치 오늘날 한국교회처럼, 문재인 정부처럼…

그렇다면 타이타닉은 왜 침몰했는가?
종교개혁은 왜 일어나고,
베네수엘라는 왜 저 지경이 되었는가?
아모스 시대의 이스라엘도 과연 그랬을까?
갑자기 의문이 밀려온다.

하나님, 우리 정말 이래도 괜찮아요?

교회와 음악

예배와 음악

교회음악이 제 역할을 하려면 회중 찬송, 찬양대 찬양, 찬양단의 역할 등 예배음악이 먼저 정립되어야 한다.

예배음악

요즘 교회마다 예배음악에 대한 의식이 많이 결여되어 있는 것이 사실이다. 선교와 전도에 초점이 맞추어져 신앙의 본질인 예배가 흔들리고 있다는 것은 참으로 가슴 아픈 현상이다. 이 시점에 우리는 "가서 제자를 삼으며 전도하고 선교하는 궁극적인 이유"가 도대체 어디에 있는지 한 번쯤 냉정하게 생각해보아야 할 것이다. 예수님이 재림하시기 전에 모든 민족이 하나님께로 돌아와야 한다고 목소리를 높이고 있다. 이것을 '전도' 또는 '선교'라고 하며, 그 목적은 '구원'(救援)에 두고 있다. 이유야 어찌 되었든 현실적으로 한국교회는 너 나 할 것 없이 물에 빠져가는 사람을 많이 건지는 것을 최종 목표로 하고 있는 것은 사실이다. 어떤 경우에는 썩은 물고기도 건져서 계산할 정도로 건지는 것에 혈안(血眼)이 되어 있는 것이 바로 오늘날 한국교회의 서글픈 현실이다. 예수님이 직접 보여주신 기독교의 순수한 사랑과 구제는 전도와 선교의 수단으로 전락(轉落)된 지 이미 오래되었다. 아직 선교와 양육이라는 미명하에 교회 팽창과 개교회 이기주의가 팽배하고 있는 것을 무엇으로 해명하려는지 참으로 의문스럽다.

성도의 최종적인 목적은 웨스트민스터 신앙고백 [소요리문답]에 명시되어 있듯이 "하나님을 영화롭게 하는 것과 영원토록 그를 즐거워하는 것"이다. 예배는 구원받은 성도가 마땅히 해야 할 의무이며, 참된 예배는 신령(in spirit)과 진정으로(in truth) 드려져야 하는 것이다. 그러므로 예배를 소홀히 하는 것은 어떠한 이유에서도 정당화될 수 없다. 지금까지 전통적인 예배에서의 입례송, 성경봉독송, 기도송, 봉헌송, 축복송 등은 결코 장식용 음악이 아니다. 이는 예배의 경건성과 질서를 위한 예배의식(禮拜儀式)의 중요한 절차(節次)이다. 이것을 '주제 예배'다, '열린 예배'다 해서 구렁이 담 넘어가듯이 적당하게 생략해버리거나 찬양단이 대신하는 것은 목회자들의 예배에 대한 의식(意識)이 얼마나 퇴색되어 있는지 잘 보여주는 예라고 할 수 있다.

회중 찬송

　회중 찬송은 루터의 종교개혁 이후에 활성화되었다고 볼 수 있다. 무엇보다 평신도들이 예배에 직접적으로 참여한다는 데 그 의미가 크다고 할 수 있다. 요즘은 회중 찬송의 경건성도 찾아보기 어려운 실정이다. 찬양은 성도로부터 하나님께 드려지는 가장 아름다운 제물(祭物)이다. 찬송 자체의 경건성도 문제가 심각하지만 부르는 회중들의 의식도 심각한 것을 알 수 있다. 더 심각한 것은 문제의 중심에 예배 인도자가 있다는 것이다. 무분별하게 손뼉을 치거나 손을 든다든가, 가슴에 손을 얹거나 일어서서 찬양하는 것을 선동적(煽動的)으로 요구하는 경우가 많다는 것이다. 곡조나 가사의 분위기에 상관없이 손뼉을 쳐댄다든가, 지나치게 빨리 부른다든가, 가사를 생각하기도 전에 아무 생각 없이 손을 흔들며 찬양하는 것 등은 자칫 예배의 질서를 흩트리며 경건한 분위기보다는 충동적인 분위기로 유도하기 쉽다는 것이다. 더 심각한 것은 예배시간에 한판하고, 언제 그랬냐는 듯이 자연스럽게 세상 속으로 흘러들어간다는 것이다. 이러한 현상은 성도들의 능동적인 예배 참여를 목적으로 하는 본래의 의도와는 달리 또 다른 형식에 얽매이게 하며, 경건해야 할 예배를 충동적인 예배로 변질시킬 우려가 많다는 것이다. 회중 찬송은 하나님을 대상으로 가사를 음미하며 호흡을 맞추어, 경건하고 정성스럽게 드려져야 하는 것이 기본이라는 사실을 결코 잊어서는 안 될 것이다.

찬양대 찬양

찬양대가 준비해서 드리는 찬양(讚揚)은 예배에서 하나님께 드려지는 특별한 제물이라고 할 수 있다. 찬양대의 찬양은 목사님의 설교를 돕거나 성도들에게 은혜를 끼치려는 목적으로 드려지는 것이 결코 아니다. 그래서 찬양은 선별된 자들이 가장 멋있는 찬양을 최선을 다해 준비해서 온 마음으로 드려야 하는 것이다. 교회와 성도들은 이를 최대한 지원해야 하는 것이다. 식사 당번이라서, 전도회가 있어서, 소그룹 모임이 있어서 찬양 준비에 빠져도 된다고 생각하는 일부 대원들이나 찬양대 찬양의 중요성을 인식하지 못하는 일부 목회자나, 한 번쯤은 찬양대 찬양의 진정한 의미가 무엇인지 깊이 돌아보아야 할 것이다.

찬양단

언제부터인가 '열린 예배', '주제 예배'라는 말이 나오면서부터 교회에서 찬양단의 역할이 현저하게 두드러지는 것을 본다. 심지어는 찬양대보다 더 비중을 두는 경우도 있다. 그러나 분명히 해야 할 것은 찬양대와 찬양단의 역할은 엄연히 다르다는 사실이다. 예배의식을 기준으로 그 역할을 분석해보면 찬양단은 성도들을 도와 예배로 이끄는 역할, 또는 회중 찬송을 인도하는 역할을 하며, 찬양대는 예배 중 찬양을 담당하는 것이다. 또 한 가지 두드러지는 현상은 요즘은 찬양단의 비중이 커짐에 따라 오르간(Organ)이나 피아노(Piano)보다는 오히려 대중음악 악기인 키보드나 드럼이 더 중요하게 취급된다는 사실이다. 이도 역시 예배(禮拜)에서 집회(集會)로 그 성격이 변해가는 요즘 교회의 추세(趨勢)를 잘 반영하고 있다고 볼 수 있다.

성도와 음악

성도(聖徒)들은 구별된 삶을 살아야 하므로 자극적(刺戟的)인 대중음악보다는 정서적(情緒的)인 클래식 음악을 더 가까이해야 한다는 것은 지극히 당연한 이야기이다. 이 말은 성도는 가급적 와인(Wine)대신 주스(Juice)를 마시라는 이야기와 비슷한 의미라고 할 수 있다. 왜 그렇게 해야 되는가는 여러분들이 이미 답을 알고 있으리라 생각한다. 대중음악(大衆音樂)은 굳이 스피커를 사용한 과도한 다이내믹과 건전하지 못한 가사, 현란한 분위기, 몸을 자극하는 리듬, 달콤한 창법을 언급하지 않더라도 대중음악과 관련된 문화 자체가 이미 경건생활을 하는 성도들과는 생리적(生理的)으로 맞지 않다는 것이다. 그러나 클래식 음악은 중세 이후 기독교 문화와 밀접한 관련을 가지고 발전해왔으므로 자연스럽게 경건생활과 일치되는 면이 많다는 것이다. 물론 일부 예외는 있을 수 있겠지만 일반적인 기독교음악문화가 자연스럽게 대중적으로 흘러가는 것은 참으로 경계해야 할 현상이다.

경건한 음악

경건한 음악을 위해서는 먼저 찬송가(讚頌歌)에 대한 올바른 이해가 필수적이라고 생각한다. 좋은 찬송가는 감정적이기보다는 이성적(理性的)이며, 주관적이기보다는 객관적(客觀的)인 것이라 할 수 있다. 쉽게 말해서 알맹이가 빠지면 정말 무미건조한 것이 진정한 찬송가라는 것이다. 반대로 이야기하면 좋지 않은 찬송가는 알맹이가 빠졌는데도 여전히 화려한 자태(姿態)를 유지하고 있는 찬송가이다. 이러한 이치(理致)는 굳이 신앙적인 관점이 아니더라도 모든 곳에 적용되는 원리라고 할 수 있다. 이런 측면에서 찬송가 1장 '만복의 근원 하나님'은 가장 멋진 찬송 중의 하나라고 할 수 있다.

왜냐하면 이 찬송은 너무 밋밋하기 때문에 곡조가 매혹적이라서 애창될 가능성은 거의 없기 때문이다. 아무 치장(治粧)도 없이 꼭 필요한 것만 있기 때문이다. 이것이 바로 찬송의 본질이다. 이러한 찬송을 즐겨 부르는 사람은 정말 영적(靈的)으로 인정할만한 사람이다. 이 외에 찬송가 8장 '거룩 거룩 거룩 전능하신 주님', 찬송가 10장 '전능왕 오셔서' 등도 참으로 멋있는 찬송가라고 할 수 있다.

이에 비해 찬송가 620장 '여기에 모인 우리', 찬송가 442장 '저 장미꽃 위에 이슬', 찬송가 490장 '주여 지난밤 내 꿈에' 등은 곡조 자체가 이미 화려하기 때문에 가사가 없어도 애창될 가능성이 많다는 것이다. 가사도 너무 달콤해서 찬송가 442장 '저 장미꽃 위에 이슬'같은 경우 '주님'이라는 단어가 빠지고, '저 장미꽃 위에 이슬'만 있더라도 충분히 매혹적이며, 찬송가 490장 '주여 지난밤 내 꿈에' 같은 경우도 '주님 얼굴'이라는 단어가 빠지고, '지난밤 내 꿈'이나 '나의 놀라운 꿈'만 있더라도 감성을 자극하기에 충분하다는 것이다. 이러한 찬송들은 아무래도 앞의 예와 비교해 하나님을 향한 집중력과 경건성이 조금 떨어진다고 볼 수 있다.

CCM(동시대 크리스천 음악), CCD(동시대 크리스천 무용)의 일반적인 문제점은 가사만 다를 뿐 대중가요나 대중 댄스의 속성을 거의 그대로 모방하고 있다는 것이다. 가장 큰 문제점은 충동성과 자극성이다. 무엇으로든 하나님께 영광을 돌리기만 하면 된다고 생각할지 모르지만 그러한 생각은 아주 위험한 것이다. 그것은 마치 음식만 좋으면 돼지죽통에 담아줘도 상관없고, 결과만 좋으면

과정은 아무래도 상관없다는 것과 별다를 바 없는 것이다.

필자는 아직까지 요즘 유행하는 CCM을 따라 부르지 못하는 입장에 있다. 이것이 작곡가로서의 최소한의 양심인지 고집인지는 모르겠다. 만약 어떤 부유한 사람, 자신은 늘 신선한 빵만 엄선해서 먹는 사람이 여러분에게 며칠 나뒹굴다 말라비틀어진 빵을 대접한다고 가정해보자! 아마 고맙다는 생각은 고사하고, 정말 성의가 없는 몰지각한 사람이라고 비난하게 될 것이다.

여기에서 강조하고 싶은 것은 첫째, 개인의 취향으로서가 아닌 기독교 문화로서의 음악이라면 최소한 음악 자체가 어느 정도 정서적이고 예술적인 깊이가 있어야 한다는 것이다.

둘째, 혹시 부득이하게 자극적인 음악이나 몸짓으로 찬양하게 된다면 정말 중심(中心)에 집중해야 된다는 것이다. 과부가 드린 두 렙돈(Mite)의 가치는 결코 물질 그 자체에 있는 것이 아니라 하나님을 향한 마음에 있기 때문이다.

음악, 하나님의 선물

　음악의 가치를 모르고 음악을 누리지 못하는 사람은 참
으로 행복을 말할 자격이 없다고 생각한다. 소리를 매체
로 하는 음악은 오직 느낌으로만 향유(享有) 할 수 있는
예술이다. 음악은 참으로 하나님이 주신 최고의 선물임에
틀림없다. 우리는 하나님이 어떤 매체로 의사소통을 하시
는지 구체적으로 알 길은 없지만, 만약 그것이 문학, 미술,
음악 중 하나라면 분명히 음악일 것이라고 확신한다. 이
좋은 선물을 우리 인간에게 비밀 언어로 주셨다. '비밀'이
라고 함은 음악이 추상적인 언어이기 때문이다.

　성도는 거룩한 성전이므로 가급적 건전한 음악, 좋은 음
악을 많이 접해야 하며, 하나님 앞에는 언제든지 최상의
음악으로 찬양을 드려야 한다. 물론 최고의 정성으로 최
상의 음악을 드려야 한다. 아무리 최상품의 음악이라 하
더라도 우리의 마음이 최고가 아니라면 언제든지 지절거
리는 음악이 될 수 있으며, 반대로 아무리 수준이 떨어지

는 음악이라 하더라도 과부의 두 렙돈과 같은 음악이라면 하나님에게는 최상의 음악이 될 수 있을 것이다.

온전한 신앙생활

온전한 예배

"하나님은 영이시니 예배하는 자가 영과 진리로 예배할
지니라"(요 4:24)

요즘 많은 교회들이 위의 말씀을 선포함으로 예배를 시
작한다. 참 좋은 현상이라고 생각한다. 하지만 우리의 예
배가 진정으로 영과 진리로 온전하게 드려지는지는 한 번
되짚어봐야 한다. 우리는 많은 부분을 우리 식으로 해석
하는 경향이 있다. 하나님께 예배를 드리는 것인지 우리
좋으라고 하는 것인지 구분이 안 갈 경우가 많다. 마치 선
물을 주면서 상대방이 좋아하는 것이 아니라 내가 갖고
싶은 것을 주는 것이나 마찬가지다. 사람이 사람을 봐도
그 진정성은 느낄 수 있다. 하물며 중심을 보시는 하나님
은 더 말할 나위가 있겠는가! 지금까지 수십 번, 수백 번
드린 예배가 하나님께 온전히 상달되었을까? 그 가운데
적당히 드린 예배가 얼마나 많았는지 다들 스스로 한 번

물어볼 일이다. 우리의 가장 큰 문제점은 하나님을 이웃
집 아저씨처럼 너무 쉽게 생각한다는 것이다. 아무리 신
약과 구약시대를 구분한다고 하지만 상식적으로 한번 생
각해보자! 하나님이 달라진 것인지?

　예수님을 통해 우리 죄를 속죄하고 구원하신 역사가 첨
가되고, 하나님이 인간에게 나타나는 방식이 달라졌을 뿐
이지 구약의 하나님이 신약의 하나님이요, 그 하나님이
바로 지금 우리가 예배드리는 하나님이다. 우리는 마치
무서운 하나님이 부드러운 하나님으로 바뀐 것처럼 착각
하는 경향이 있다. 나는 신학을 몰라서 그런지 한 번도 다
르게 느껴 본 적이 없다. 나에게는 언제든지 동일하신 하
나님이다. 그런 의미에서 우리는 다음 말씀을 기억할 필
요가 있다.

> "내가 너희 절기들을 미워하여 멸시하며 너희 성회들을
> 기뻐하지 아니하나니 너희가 내게 번제나 소제를 드릴
> 지라도 내가 받지 아니할 것이요 너희의 살진 희생의 화
> 목제도 내가 돌아보지 아니하리라 네 노랫소리를 내 앞
> 에서 그칠지어다 네 비파 소리도 내가 듣지 아니하리라
> 오직 정의를 물같이, 공의를 마르지 않는 강 같이 흐르
> 게 할지어다"(암 5:21~24)

　하나님은 결코 주는 대로 받으시는 분이 아니다. 까다롭

기로는 감히 비교할 대상이 없다. 사람은 마음에 안 드는 선물도 안 주는 것보다는 낫다고 받지만 하나님은 그런 분이 아니다. 온전하지 않은 것은 결코 용납하지 않으신다. 온전하지 않은 것은 어떤 예배든, 어떤 찬양이든, 어떤 헌금이든 내치시는 분이심을 잊어서는 안 된다. 다음 말씀을 묵상해 보자!

"여호와께서 모세에게 말씀하여 이르시되 아론과 그의 아들들과 이스라엘 온 족속에게 말하여 이르라 이스라엘 자손이나 그 중에 거류하는 자가 서원제물이나 자원제물로 번제와 더불어 여호와께 예물로 드리려거든 기쁘게 받으심이 되도록 소나 양이나 염소의 흠 없는 수컷으로 드릴지니 흠 있는 것은 무엇이나 너희가 드리지 말 것은 그것이 기쁘게 받으심이 되지 못할 것임이니라 만일 누구든지 서원한 것을 갚으려 하든지 자의로 예물을 드리려 하여 소나 양으로 화목제물을 여호와께 드리는 자는 기쁘게 받으심이 되도록 아무 흠이 없는 온전한 것으로 할지니 너희는 눈 먼 것이나 상한 것이나 지체에 베임을 당한 것이나 종기 있는 것이나 습진 있는 것이나 비루먹은 것을 여호와께 드리지 말며 이런 것들은 제단 위에 화제물로 여호와께 드리지 말라 소나 양의 지체가 더하거나 덜하거나 한 것은 너희가 자원제물로는 쓰려니와 서원제물로 드리면 기쁘게 받으심이 되지 못하리라 너희는 고환이 상하였거나 치었거나 터졌거나 베임을 당한 것은 여호와께 드리지 말며 너희의 땅에서는 이런 일을 행하지도 말지며 너희는 외국인에게서도 이런 것을 받아 너희의 하나님의 음식으로 드리지 말라 이는 결점이 있고 흠이 있는 것인즉 너희를 위하여 기쁘게 받으심이 되지 못할 것임이니라"(레 22:17~25)

우리가 이제는 신약시대라고 합리화하기 이전에 가슴에 손을 얹고 한번 생각해보자! 과연 내가 신이라면 적당하게 드리는 예배를, 적당하게 드리는 찬양을, 적당하게 드리는 헌금을 "그래도 안 하는 것보다는 낫지"라고 생각하며 받겠는지. 우리는 용케도 구분한다. 존경하고 감사하고 사랑하는 마음으로 주는 것인지 그냥 그런 척하는 것인지.

온전한 찬양

과연 어떤 예배와 찬양을 하나님은 받으실까? 여기에 한 예가 있다.

"이 때에는 제사장들이 그 반열대로 하지 아니하고 스스로 정결하게 하고 성소에 있다가 나오매 노래하는 레위 사람 아삽과 헤만과 여두둔과 그의 아들들과 형제들이 다 세마포를 입고 제단 동쪽에 서서 제금과 비파와 수금을 잡고 또 나팔 부는 제사장 백이십 명이 함께 서 있다가 나팔 부는 자와 노래하는 자들이 일제히 소리를 내어 여호와를 찬송하며 감사하는데 나팔 불고 제금 치고 모든 악기를 울리며 소리를 높여 여호와를 찬송하여 이르되 선하시도다 그의 자비하심이 영원히 있도다 하매 그 때에 여호와의 전에 구름이 가득한지라 제사장들이 그 구름으로 말미암아 능히 서서 섬기지 못하였으니 이는 여호와의 영광이 하나님의 전에 가득함이었더라"

(대하 5:11~14)

하나님의 영광이 하나님의 전에 가득한 모습! 한 마디로 영성이 있는 예배, 영성이 있는 찬양이다. 이것은 드럼 세트와 스피커의 굉음, 화려한 조명, 손을 흔들며 뛰고 고함치는 흥분의 도가니, 즉 군중의 외형적인 흥분 상태를 의미하는 것이 결코 아니다. 착각해서는 안 된다. 하나님은 질서의 하나님이시다. 극도로 절제된 이성과 깊은 곳에서 우러나오는 감성의 조화와 균형만이 이러한 하나님의 영광을 나타낼 수 있다. 하나님은 시시닥거리는 절제 없는 웃음이 아니라 마치 영화에서 너무 감격스러워 차마 말을 하지 못하는 장면, 또는 소리로는 표현할 수가 없어 모습만 나오고 사운드를 오프 처리한 장면과 비슷하다. 이것은 결코 자아도취(自我陶醉)의 모습이 아니다.

서울 명성교회같이 특별한 경우는 800명 가까이 되긴 하지만, 보통 교회의 찬양대원 수는 30에서 150명 사이이다. 위의 경우도 나팔 부는 자가 백이십 명 정도 되니 노래하는 자와 합하면 몇 백 명은 될 것이다. 그럼에도 불구하고 하나님의 영광이 나타나는 이유가 규모가 거대하다거나 음악적인 완성도가 높아서 그런 것은 분명히 아니라고 생각한다. 하나님은 결코 외모를 보시지 않기 때문이다. 그것은 나팔 부는 자와 노래하는 자가 온전한 마음으로 찬양했기 때문일 것이다. 하나님은 어떤 예배와 찬양을 받으실까? 영성이 아름다운 예배, 영성이 아름다운 찬양이 아닐까?

온전한 헌금

올바른 헌금생활은 건강한 신앙생활에 아주 중요한 조건이다. 그래서 평소 생각한 것을 몇 자 적어볼까 한다.

첫째, 교회에서 재정조달을 위해 십일조, 예배 헌금(주일헌금, 헌신예배 헌금, 어떤 곳에는 금요집회 헌금도), 감사헌금, 구제헌금, 건축헌금 외 시설헌금, 장학헌금, 선교헌금 등 가지치기 헌금들을 만든 것은 명백히 잘못된 관행이라고 생각한다. 교회 재정은 원칙적으로 온전한 십일조 내에서 운용되어야한다고 본다. 각종 세금, 사례비, 선교, 구제(장학헌금 포함), 교육, 시설관리, 기관운영 등은 경상 재정 범위 내에서 운용되어야한다. 거기에다 주일학교 등 기관별 헌금과 회비도 별도로 있다. 절기 헌금에 대해서는 특별히 이의를 제기하진 않겠지만 절기 헌금도 맥추감사절, 추수감사절 헌금이면 된다. 그리고 신년 감사헌금이라고 해서 소원을 적어 이루어질 것을 믿고 미리 감사헌금 하는 경우가 있는데 이것은 너무 잘못된 관행이다. 이것도 기복 신앙에서 온 것이다. 건축헌금은 평소에 경상 재정에서 저축하고, 건축 전후에 자원하는 사람에 의해 기부금을 받는 정도가 적당하다. 교인들에게 반강제적으로 할당한다든지 지나치게 빚을 얻어서 하는 것은 바람직하지 않다. 요즘 교회마다 지출이 지나치게 많다. 그것은 의욕이 아니라 욕심 때문이다. 규모 있는 재정운용을 한참 넘어섰다. 교회마다 건축 경쟁, 선교 경쟁, 대형화 경쟁이 전쟁 수준이다. 자녀들이 무리하게 빚내서 선물 경쟁을 한다고 생각해보라! 부모님 마음이 어떨지? 아무리 좋은 의도라 하더라도 건강한 교회라고 보기는 어렵다.

둘째, 새 신자가 술, 담배를 언제 끊는지 결정하는 것처럼 헌금도 교회 재정을 보고 하는 것이 아니라 자신의 신앙 수준에 따라 해야 한다. 헌금은 원래 즐겁게 하는 것이 바람직하고, 개인의 재력과 신앙에 따라 헌금의 규모나 수준도 달라지는 것이 정상이다. 그러지 못할 경우 즉흥적으로, 또는 인색함으로나 억지로 할 경우가 많다. 하지만 이는 바람직하지 못한 것이다.

"각각 그 마음에 정한대로 할 것이요 인색함으로나 억지로 하지 말지니 하나님은 즐겨 내는 자를 사랑하시느니라"(고후 9:7)

하나님이 돈이 부족해서 헌금이 필요한 것은 아니라는 사실을 분명히 알아야 한다. 헌금이란 구약시대의 제물과 같은 것이다. 하나님 앞에 자신의 마음을 표현하는 것이다. 돈이나 물질이 먼저가 아니라 하나님께 감사하고 헌신하는 마음이 먼저인 것이다. 거기에다 자신의 형편에 맞게 돈이나 물건을 드리는 것이다. 내가 장로니까, 집사니까, 교회 형편이 어려우니까 등의 의무감이나 동정심으로 헌금을 해서는 안 된다. 집사람이 가끔씩 출석교회는 재정이 넉넉하니까 작은 교회에 십일조 하자고 권유하는 경우가 있는데, 그때마다 나는 안 된다고 한다. 헌금은 전적으로 하나님께 드리는 것이지 교회에 기부하는 것이 아니다. 그리고 작은 교회도 하나님의 교회이므로 그 문제는 하나님이 해결하실 문제이지 우리 소관(영역)이 아니다. 나는 교회나 목사님을 보고 헌금하든지 봉사한 적은 한 번도 없다. 형편이 어려워 헌금을 못할 때 비록 목사님께는 눈치 보일지 모르지만, 하나님께는 솔직하게 "하나님, 저 오늘은 헌금 못합니다. 죄송합니다."하면 늘 이해하셨다. 건강한 헌금생활의 표준이 성경에 있다. 먼저 '과부의 두 렙돈'의 예를 살펴보자!

"예수께서 눈을 들어 부자들이 헌금함에 헌금 넣는 것을 보시고 또 어떤 가난한 과부가 두 렙돈 넣는 것을 보시고 이르시되 내가 참으로 너희에게 말하노니 이 가난

한 과부가 다른 모든 사람보다 많이 넣었도다 저들은 그
풍족한 중에서 헌금을 넣었거니와 이 과부는 그 가난한
중에서 자기가 가지고 있는 생활비 전부를 넣었느니라
하시니라"(눅 21:1~4)

예수님은 부자들의 많은 헌금보다 가난한 과부의 두 렙
돈을 더 칭찬하셨다. 요즘 현대를 사는 우리는 그런 의미
에서 너무 용기가 없다. 자기 소신은 없고 눈치만 많다. 우
리가 만약 두 렙돈을 넣었다면 모르긴 해도 아마 쥐구멍
속으로 들어갔을 것이다. 다들 보이지 않는 하나님의 눈
보다는 보이는 담임목사님의 눈을 더 부담스러워하는 것
이 사실이다. 하나님께서 한 달란트, 두 달란트, 다섯 달란
트를 주셨듯이 우리 삶의 모든 환경은 예외 없이 하나님
께서 허락하신 것이다. 우리는 많고 적음을 결정할 권리
가 없고 그럴 자격도 없다. 단지 주신 것 가지고 하나님의
영광을 위해 최선을 다해 살아갈 뿐이다. 가난한 것이 어
찌 그 사람의 죄인가? 부자도 마찬가지다. 그 사람이 잘나
서 부자가 된 것이 아니다. 하나님의 허락이 없으면 결코
그렇게 될 수 없는 것이다. 사회적인 지위가 낮은 것도, 못
배운 것도, 아픈 것도 마찬가지다. 우리에게 최소한 그 배
짱은 있어야 한다. 마찬가지로 수십만 명이 모이는 대형
교회나 수십 명이 모이는 농어촌 시골교회나 하나님 앞에
서는 동등하다. 그 이상도 그 이하도 아닌 것이다. 문제는

사람들이 그것을 용하게 구별한다는 것이다. 또 하나의
중요한 예를 보자!

> "아나니아라 하는 사람이 그의 아내 삽비라와 더불어 소
> 유를 팔아 그 값에서 얼마를 감추매 그 아내도 알더라
> 얼마만 가져다가 사도들의 발 앞에 두니 베드로가 이르
> 되 아나니아야 어찌하여 사탄이 네 마음에 가득하여 네
> 가 성령을 속이고 땅 값 얼마를 감추었느냐 땅이 그대로
> 있을 때에는 네 땅이 아니며 판 후에도 네 마음대로 할
> 수가 없더냐 어찌하여 이 일을 네 마음에 두었느냐 사람
> 에게 거짓말한 것이 아니요 하나님께로다 아나니아가
> 이 말을 듣고 엎드러져 혼이 떠나니 이 일을 듣는 사람
> 이 다 크게 두려워하더라 젊은 사람들이 일어나 시신을
> 싸서 메고 나가 장사하니라"(행 5:1~6)

아나니아와 삽비라의 예이다. 여기서 우리는 현대 신앙
인들의 더 치명적인 위험성을 발견할 수 있다. 더군다나
이것은 구약시대의 이야기가 아니라 신약시대의 이야기
이다. 비단 헌금생활뿐만 아니라 온전하지 못한 신앙생
활, 타성에 젖은 신앙생활, 착각에 빠진 신앙생활이 얼마
나 위험한지, 얼마나 하나님이 싫어하시는지를 확인할 수
있다.

땅 판 돈을 온전히 바치지 않고 그 일부만 바쳐서 두 부

부가 나란히 저주받은 이야기이다. 여기에는 어떠한 부드러움도, 경고도 없다. 우리는 하나님을 너무 미화시켜서 생각하는 경향이 있다. 하나님을 너무 자기와 비슷한 모습으로 상상하는 경향이 많다.

자! 만약 내가 땅을 팔아 10억을 바쳐야 하는데, 왠지 마음이 내키지 않았든지, 아니면 부부가 의논한 결과 한 사람이 반대해서 5억만 헌금하게 된 상황이라고 가정하자! 우선 중심을 보시는 하나님을 빼놓고 생각해보자! 교회는 비전센터 짓는다고 재정 때문에 이리저리 정신이 없다. 서리집사는 1구좌 200만 원씩, 장립집사는 5구좌 1,000만 원씩, 장로는 10구좌 2,000만 원씩 한다고 작정하고 있는 상황이고. 이때 아나니아와 삽비라 부부는 10억을 바칠 각오로 땅을 팔았는데 여차여차해서 5억만 헌금하게 된 것이다. 그래도 할까? 말까? 여러분들의 생각은 어떤가? "5억이라도 헌금하면 교회에 얼마나 큰 도움이 될 텐데"인가? 만약 교회의 담임목사님이라면 어떤가? "10억을 온전히 바치지 않을 것 같으면 하지 마세요! 분명히 하나님께서 기뻐하시지 않을 것입니다. 그리고 그만큼 하나님이 다른 방법을 통해 채우실 것입니다. 하나님은 거지가 아닙니다."라고 할 것인가? 아니면 "아이고, 다른 사람은 1,000만 원, 2,000만 원 하는데 5억이라니 그것만도 감사하죠. 참으로 하나님의 섭리입니다. 그렇게 많이 바치니 하나님이 참으로 기뻐하실 거예요. 살다 보면 그럴 수도 있죠. 그래도 5억이나 바치려고 하니 믿음이 대단해요!"라고 할 것인가? 아마 대부분 긍정적으로 받아들일 것이다. 우리에게는 중심이 안 보이니까. 그러나 기억하자! 하나님은 에누리가 없다는 사실. 아나니아는 그 자리에서 시신이 되어 나갔다. 세 시간 뒤에는 아내 삽비라까지도. 하나님이 너무 하신가? 아니! 이게 하나님의 참 모습이다. 예전에도 그러하셨고 지금도 그러하시다. 단지 벌 내리는 시기와 방식이 조금 다를 뿐이다. 우리의 예배도, 우리의 찬양도 마찬가지다. 온전하지 못한 것을 적당하게 하나님께 드려도 된다는 생각은 지극히 인간적인 것이다.

"진실한 척하지 말고 진실 하라!" "하는 척하지 말고 하라!" 바로 이것이다. 한마디로 '영성'이다. 성령님이 이끄시는 대로 따라간다면 형식과 수준은 크게 문제가 되지 않는다.

"…내가 보는 것은 사람과 같지 아니하니 사람은 외모를 보거니와 나 여호와는 중심을 보느니라…"(삼상 16:7)

칼럼 및 비평

CCM, 이대로 좋은가

요즘 CCM에는 상당한 문제점이 노출되고 있다. 원래 곡조나 가사가 자극적이고 경박한 점이 가장 심각하지만 드럼이나 기타 연주, 창법 등에도 적지 않은 문제가 있다. 사람, 사람 너무 생각하다가 하나님 없는 경배와 찬양이 될까 참으로 걱정스럽다.

김영범의 <말씀하시면>같은 CCM은 가사가 잘못 붙어 있는 대표적인 예라고 할 수 있는데, 번역가사가 아니면 더더욱 심각하다. "…연약한 내 영혼/ 통하여 일하소서…"에서 '통하여'에 강한 악센트가 들어간다는 것이다. '내 영혼을 통하여'라는 의미가 '내 영혼'과 '통하여'가 마치 분리된 것처럼 들리기 때문이다.

"주님 말씀하시면 내가 나아가리다. 주님 뜻이 아니면 내가 멈춰 서리다."

참으로 의미 있는 가사인데 "음악도 거기에 걸맞다면 얼마나 좋을까"라는 생각이 든다.

예 1 김영범의 <말씀하시면>

연약한 내—영혼 — 통하 여일하 —소—서 —

김인식의 <야곱의 축복>의 끝부분도 보면 "나무가 되어 줘"라는 가사가 '가'가 강조되어 자칫 '나무 가되어줘'로 들리기 쉽다는 것이다. 또한 이 곡은 부서별 모임에서 부르기에는 무난하지만 가사, 리듬, 곡조 때문에 경건한 예배의 전후에 부르기에는 너무 촐랑댄다는 느낌이 든다. 가사나 음악이나 의미 있는 내용을 너무 가볍게 처리하였다는 것이 눈에 띈다.

예 2 김인식의 <야곱의 축복>

— 주의품에 —꽃피운 — 나무가되어줘 —

윤용섭의 <할 수 있다 해보자>는 거의 데모가 수준이다. 가사도 너무 직접적이지만 곡조가 참으로 민망할 정도이다. 돌들이 찬양한다는 말이 실감날 정도이다. 예술성이라고는 눈을 비비고 찾아봐도 없는 이러한 음악으로 하나님을 찬양한다고 하니 참으로 안타까울 따름이다.

예 3 윤용섭의 <할 수 있다 해보자>

> 할 수 있다 하면 된다 해보자
> 믿는 자에게 능치 못함이 없으리라
> 나는 부족해도 나는 약해도 주님 도와주시니
> 의심 말고 두려워 말라 기적이 일어난다
> 말씀 안에서 믿음 안에서 할 수 있다 해보자

물론 번역 가사이긴 하지만 <약할 때 강함 되시네>에서도 가사가 음악에 잘못 붙여진 경우를 볼 수 있다. '나의 보배'의 '배'와 '나는 포기'의 '기'가 그 예이다. 같은 선율에 붙였지만 같은 위치의 2절 가사 '주님의 이름'의 '이'나 '나의 빈 잔을'의 '잔'은 각기 단어의 첫 음절에 해당하므로 크게 문제가 되지 않는다.

약 할 때 강함 되시 네 나 의 보 배 가 되 신 주 주 나 의 모 든
심 자 가 죄 사 하 셨 네 주 님 의 이 름 찬 양 해 주 나 의 모 든

것_____ 주 안 에 있 는 보 물 을 나 는 포 기 할 수 없
것_____ 쓰 러 진 나 를 세 우 고 나 의 빈 잔 을 채 우

　기독교가 예술음악을 주도하던 시대도 있었는데, 이제
바흐, 헨델은 아예 설자리를 잃어버린 듯하다. 다들 홍보
용 현수막은 그렇게들 고급스럽게 하면서 도무지 교회에
서 사용하는 음악은 왜 이리 천박하기 짝이 없는지, 보고
있는데도 한계에 이른 것 같다.

　우아한 찬송가까지 템포를 터무니없이 당긴다든지 손
뼉을 쳐 대면서 노래해 격을 떨어뜨려놓는 판이다. 찬송
가, 복음성가, CCM이 아무 분별없이 예배에 사용되고 있
다. 전통예배에서도 마지막에 사구려 CCM 폐회송을 불
러 예배의 품격을 떨어뜨리는 것도 비일비재하다.

　도대체 왜 이럴까? 이유는 단 하나! 청년들에게 친숙하
고 은혜롭다는 분위기? 글쎄 하나님께서도 분위기를 타
실지 모를 일이다. 분명 하나님은 최고의 예술가이시고,
질서를 바탕으로 세상 만물을 창조하셨는데, 요즘 세상을

보면 시인이나 작곡가와 같은 전문적인 예술가가 왜 필요한지 참으로 의문스럽다. 한 음, 한 단어를 가지고 며칠 밤낮을 고민하는 사람도 있는데, 기타 조금 치고 은혜받았다고 해서 마음대로 작사·작곡·편곡해도 되는가? 인터넷이 발달하다 보니 전문 찬양대가 하는 찬양곡도 아무나 편·작곡해서 유포시키는 사람들도 부지기수이다. 한 마디로 검정시스템이 없다는 것이 가장 큰 문제이다. 당장의 편의성 때문에 건강한 교회음악의 방향을 제시하지 못한 신학교의 음악담당 교수, 담임목사나 음악목사 등에게 가장 큰 책임이 있다고 본다. 좋은 전통을 헌신짝처럼 버리고 싸구려 문화를 수용한 것은 참으로 경솔한 짓이 아닐 수 없다.

만약 초대교회의 순수한 모습으로 돌아가기 원한다면 먼저, 호화스러운 예배당과 교육관, 비전센터부터 없애고, 찬양대, 오르간도 없애야 한다. 호화스러운 조명, 현수막, 인쇄물도 없애야 한다. 최소한의 장소만 있으면 된다. 나머지는 선교와 구제에 쓰는 것이 합당하다. 물론 교회 수입의 일부는 목회자의 생활비로 사용되어야 할 것이다. 교회 헌금도 건축, 시설, 장학, 선교, 구제 등 잡다한 종류의 목적헌금을 없애고 온전한 십일조와 감사헌금으로 통합해야 할 것이다. 모임, 각종 양육·교육 프로그램 등도 형식적이지 않은지 재고해보아야 할 것이다. 거품이 너무 많다.

차원

　나는 오늘 새벽, 정말 중요한 것을 깨달았다. 내가 왜 그토록 기존 교회의 예배와 찬양, 헌금에 대해서 비판적이었는지 그 이유를 확실히 알게 되었다. 느낌은 분명했지만 무언가 확실히 손에 잡히지는 않아서 "도대체 그 이유가 뭘까?"하고 오래전부터 생각해왔는데 드디어 오늘 깨닫게 되었다. 그 해답은 본질적으로 하나님은 우리가 짐작하는 것처럼 인간의 어떤 것들을 통해, 인간의 방법으로 영광을 받으실 수 없으며, 바라시지도 않는다는 사실이다. 만약 조금이라도 그렇게 비친다면 그건 전적으로 인간을 위해서일 것이다. 마치 아빠가 용돈 주려고 아이에게 재롱을 청하는 것처럼 말이다.

　인간의 결정적인 딜레마는 하나님을 늘 인간의 수준에서, 인간의 시각으로만 바라본다는 것이다. "내가 피자를 좋아하니 하나님도 좋아하시겠지"라고. 하나님도 인간이 좋아하는 것을 좋아하고, 인간의 방식으로 영광을 받으실 것이라고 착각한다는 것이다. 마치 어린아이가 자신이 좋아하는 과자를 아빠에게 주면서 아빠도 최고의 영광을 받으리라고 착각하는 것처럼 말이다. 하지만 분명한 것은 이 세상의 그 어떤 것으로도 하나님을 기쁘시게 할 수 없다는 사실이다. 하나님은 우리의 생각처럼 코 묻은 과자에 관심이 없다. 그래서 하나님이 인간에게 기대하는 유일한 것은 형식과 내용 속에 있는 '중심', 즉 '마음자세'이다. 내가 영성을 그토록 강조하는 이유도 바로 그 때문이다.

하나님은 인간과는 차원이 다르다. 과연 하나님도 우리가 좋아하는 것처럼 화려한 예배당, 많은 액수의 헌금, 벌떼같이 모여 드리는 거대한 예배, 비싼 오르간, 수백 명 되는 많은 수의 찬양대원, 실력자들이 모인 멋진 오케스트라, 기가 막힌 발성·하모니와 같은 것들을 좋아하실까? 하나님도 과연 3천 원짜리보다는 2만 원짜리를 더 좋아하실까? 구약시대의 제사도, 지금의 예배도 결코 하나님의 차원에는 도달할 수가 없다. 그건 굼벵이가 춤추는 것처럼 그저 인간이 할 수 있는 하나의 몸부림에 불과할 뿐이다. 아빠가 아이들이 먹는 불량식품을 먹어주는 것과는 비교도 안 될 정도로 하나님은 인간과 차원이 다른 분이다. 그래서 하나님이 중심을 보신다는 것은 참으로 감사한 일이다. 이는 형식도 내용도 아니다. 형식과 내용 너머에 있는 바로 '마음자세', '진정성'인 것이다. 더 비싼 것, 더 좋은 것, 더 엄격한 것은 단지 우리의 마음을 표현하는 도구일 뿐이다. 거꾸로 말하면 아무리 고급스러운 것, 잘 다듬어진 것을 드린다 하더라도 거기에 진정성이 없다면 다 부질없는 것에 불과하다. 나는 이것을 '신실한 영성'이라고 말한다. 내가 알고 있는 하나님은 사회적으로 학벌이나 지위가 높은 사람들이 예배드린다고 해서, 백만장자들이 거액의 헌금을 드린다고 해서, 대리석으로 또는 수정으로 만든 예배당에서 장엄하게 예배드린다고 해서 눈 깜짝하실 분이 아니다. 이쯤 "과연 과부의 두 렙돈과 아나니아와 삽비라의 헌금에는 어떤 차이가 있을까?" 한 번쯤 곰곰이 생각해볼 필요성이 있다.

불행히도 우리는 우리의 입맛에 맞는 하나님을 섬긴 지 너무 오래되었다. '여우와 두루미' 이야기처럼 하나님과 우리의 생각은 달라도 너무 다른 지경에 와있다는 것이다. 우리는 자신이 남에게 어떻게 비치는지도 잘 모른다. 아니 자기 자신에게 무엇이 어울리는지, 심지어는 자신이 무엇을 좋아하는지조차도 잘 모른다. 나도 가끔씩 스스로 잘 어울릴 것이라고 해보면 객관적으로 보기엔 전혀 아닌 경우가 많다. 이러니 하나님이 무엇을 좋아하시는지 잘 모르는 것은 어쩌면 당연한 일인지도 모른다. 하지만 이것은 단지 취향의 문제가 아니다. 본질적인 문제이다. 결과는 두 렙돈으로 인해 칭찬받은 과부처럼 되거나 재산의 절반을 바치고도 저주를 당하는 아나니아와 삽

비라 부부처럼 되거나 둘 중 하나에 이르게 되기 때문이
다. 우리는 잘못된 길을 너무 오랫동안 달려왔다. 더 늦기
전에 성경으로, 하나님으로 돌아가자!

> "내가 무엇을 가지고 여호와 앞에 나아가며 높으신 하나
> 님께 경배할까 내가 번제물로 일 년 된 송아지를 가지고
> 그 앞에 나아갈까 여호와께서 천천의 숫양이나 만만의
> 강물 같은 기름을 기뻐하실까 내 허물을 위하여 내 맏아
> 들을, 내 영혼의 죄로 말미암아 내 몸의 열매를 드릴까
> 사람아 주께서 선한 것이 무엇임을 네게 보이셨나니 여
> 호와께서 네게 구하시는 것은 오직 정의를 행하며 인자
> (仁慈)를 사랑하며 겸손하게 네 하나님과 함께 행하는
> 것이 아니냐"(미 6:6~8)

교회라는 울타리

내가 은혜로교회 찬양대 지휘자를 사임하고 교회 탐방을 시작한 지도 벌써 7개월이 지났다. 탐방을 다니다 보니 예상치 못한 일들도 많이 경험하게 되었는데, 가장 안타깝게 여겨지는 것은 교회가 쌓아놓은 울타리이다. 물론 사회가 그렇고 신천지가 그래서 불신 풍조가 위협적이긴 하지만, 그래도 이건 아니라고 생각되어 몇 자 적어본다.

늘 다니던 교회를 떠나 다른 교회를 방문해보면 교회마다 상당히 낯설다는 느낌을 받을 때가 종종 있다. 10~20년 전보다 교회들이 많이 개별화되고 특성화된 것이 사실이다. 본질적인 측면에서는 큰 차이가 없어 보이는데 외형적으로는 교회마다 너무 제각각이다. 그래서 교회 통합도 어려운 것 같다. 사실이다. 모르긴 해도 총회 차원의 예배 모범이나 헌법이 있을 텐데 요즘 그것을 지키는 교회도 드문 것 같다. 주로 대형교회들이 독자적인 노선을 지향하는 경향이 강하겠지만 중·소형교회들도 크게 다르지 않다. 요즘은 무엇인가 내세우고 특성화하는 것이 일반적인 경향인 듯하다. 본질적으로 추구하는 방향은 큰 차이가 없지만 교회마다 뭔가 특별하게 보이기를 원하는 것은 사실이다. 다락방, 목장, 소그룹, 사랑방, 양 무리 등과 같은 표현도 따지고 보면 같은 것인데, 다른 용어를 써서 차별화하려고 애쓴다. 예배 스타일, 예배 순서, 교회 건축이나 리모델링 스타일, 주보, 현수막, 지역 나눔, 전도, 선교, 카페 운영, 각종 프로그램 운용 등 거의 경쟁하다시피하고, 다들 뭔가 다르다고들 내세우고 있지만 실상 그 본질은 거기서 거기다. 내가 보기에는 요즘 교회가 불필요한(비본질적인) 곳에 에너지를 너무 낭비하고 있는 듯하다. 주도 한 분이시요 믿음도 하나요 세례도 하나요 하나님도 한 분이신데(엡 4:5~6) 왜 굳이 차별화하려고 하는가? 대부분, 교회나 목회자의 명분 때문이 아닌가! 회칠한 무덤처럼 겉으로 보면 뭔가 대단한 것 같은데, 막상 속을 들여다보면 속빈 강정이다. 구실은 그럴듯하지만 진짜 이유는 하나님의 명령이 아니라 목회자의 야망이요, 일부 장로들의 인간적인 야심인 경우가 많다. 한마디로 예수님의 이름, 하나님의 영광을 빙자한 자기 성취이다. 성경에 그런 것이 어디 있나? 교회가 언제부터 이렇게 부담스러운 곳이 되었나? 요즘 교회는 더 이상 지나가는 행인이 한 번 들릴 수 있는 곳이 아니다. 작은 교회는 너무 가족적이라 가족이 아니면 못 들어가는 분위기이고, 큰 교회는 너무 조직적이라 마치 국정원에 들어가는 것처럼 삼엄하다. 한 마디로 폐쇄적이라는 의미이다. 결코 편안하면서 정돈되어 있는 곳이 아니다.

또 여러 교회를 방문해 보면 교회마다 낯선 사람에 대한 불신 현상을 많이 느끼게 된다. 안내위원이나 부교역자들이 살피고 있다가 찾아와서 "어떻게 오셨습니까?"라고 건네면 반가운 것이 아니고 마치 나쁜 짓 하려다 발각된 것 같은 묘한 기분이 들 정도이다. 등록하려고 한다면 반가워하지만 탐방이나 방문 왔다면 색안경을 끼고 어디서 왔는지, 무엇 하러 왔는지 등 공세를 편다. 친절이 친절이 아니다. 교회 이기주의, 영리주의가 작용하는 것인가? 교회에 유익이 있다 싶으면 사랑으로 대하고 유익이 없다 싶으면 한마디로 싸~하다. 그야말로 신천지같이 취급받는다. 구더기 무서워서 장 못 담그는 것도 아니고. 교회 건물이 예뻐서 기념으로 사진 찍으려 해도, 찬양과 예배 광경을 연구목적으로 사진 찍으려고 해도 허락이 되지 않는다. 부산의 어느 교회에서 허락을 받아야 한다고 하기에 안내위원에게 물어봤더니 담당목사님에게 물어봐야 한다고 하고, 담당목사는 또 다른 목사님에게 물어보고 결국은 다음 주에 한 번 더 오라는 대답이 돌아왔다. 방문 목적도, 어디서 왔다는 것도 이야기하고 명함까지 건넸는데, 사진 몇 장 찍는 것 때문에 경산에서 부산까지 다시 오라니 참 어이가 없었다. 관공서의 공무원이나 다를 바 없었다. 화를 내고 그냥 몰래 몇 장 촬영해서 돌아오긴 했지만 씁쓸한 맛이 좀처럼 가시질 않았다. 이건 약과다. 대구 어느 교회에서는 주보에도 홈페이지에도 지휘자 이름이 나오지 않길래 물었는데 그걸 묻는데도 비밀이라고 가르쳐 주지 않는다는 사실. 그것도 방문 목적을 설명하고 사무실에 명함까지 주고 부탁했는데도 말이다. 전화번호도 아니고. 아니 대통령 이름을 물어봐도 가르쳐주는데, 지휘자 이름을 왜 안 가르쳐주는지 도무지 납득이 안 간다. 또 한 번은 목포의 어느 교회까지 가서 예배와 찬양 연구의 동역을 위해 평소 존경하던 담임목사님의 개인 전화번호를 알려달라고 부탁했더니 단호히 안 된다고 했다. 이번 주일에는 더 황당한 것이 대구의 어느 교회에서 주일예배 참석한 후 담임목사님에게 직접 나를 소개하고 사정을 이야기한 뒤 명함을 건네고 전화번호를 하나 달라고 했더니 곤란한 표정을 지으며 전도사님을 통해 사무실에서 명함을 받아 가라는 것이었다. 그래서 따라갔더니 기껏 교회 전화번호 적힌 것을 주었다. 필요하면 사무실로 연락하라는 것이다. 그 정도는 인터넷이나 주보 뒤져도 아는 것인데 그런 무례한 목사님은 또 어디 있는가! 성의 없는 명함은 돌려주고 국수만 먹고 나왔지만 나도 바쁜 사람이고 작곡계에서는 목사님 못지않게 지명도가 있는 사람인데, 생긴 게 그래서 그런지 그렇게 예우한다는 것은 상식적으로 이해가 되지 않았다. 그럴 줄 알았으면 집사람 말 듣고 점이라도 빼고, 핀컬 파마라도 할 걸 하는 생각이 들었다. 하기야 모 대학교수는 귀찮다고 제자들에게 휴대폰 번호는 공개하지 않고 몇 시간 붙어있지 않는 연구실 번호만 가르쳐준다더니 비슷한 꼴이다. 목회자가 대통령도 아니고 기업의 회장도 아닌데 요즘 뭐가 그리 까다로운지 예수님도 그랬는지 참 의아스럽다. 귀찮은 줄은 알지만 직접 찾아갔으면 그래도 전화번호 정도는 주는 것이 예의가 아닌가? 구걸하려는 것도 아니고 동역하려고 제안하는 것인데 시간 없으면 정중하게 시간이 없어 안 된다고 하든지. 아니면 예배와 찬양을 연구하는 내가 그렇게도 위험한 인물인가? 나도 여러 대학에 강의 나가고 바쁜 작곡가이지만 작곡을 하나라도 더 배우려고 서울에서 대전에서, 전혀 모르는데서 요청이 오더라도 시간을 쪼개어 기꺼이 만나주는데 목사님은 더 친절해야 하지 않는가? 도무지 납득이 가질 않는다. 목회자가 그런 일 제쳐 놓고 뭐가 그리 바쁜지도 이해가 되지 않는다. 이제라도 울타리 쳐 놓고 끼리끼리 잘 논다는 소리 안 들으려면 교회나 목회자의 존재 이유가 어디 있는지 한 번 본질적으로 생각해봐야 할 것이다.

목회자는 성직자인가

나는 목회자를 이 세상에서 가장 영광스러운 직업이라고 생각한다. 하지만 고달픈 작곡가인 내가 그나마 감사하게 생각하는 것은 목회자가 안 되었다는 사실인 만큼 목회자의 어려움을 영 모르는 것은 아니다. 그럼에도 불구하고 목회자에게 여러 질문을 던질 수밖에 없는 이유는 목회자의 위치가 그만큼 중요하고 또한 원하든 원치 않든 우리는 한 배를 탔기 때문이다. 게다가 우리는 이미 본질로부터 너무 멀어졌다.

요즘 목회자의 풍경은 왠지 20~30년 전과는 많이 다른 것 같다. 내가 어릴 때만 해도 목회자라고 하면 뭔가 평신도와는 다른 차원의 인성과 영성을 가졌다는 것이 일반적인 인식이었다. 하지만 요즘은 많이 바뀐 것 같다. 옛날에는 목회자 자신이 의식적으로라도 구별된 삶을 위해 노력했는데, 요즘은 목회자나 평신도나 다 같다는 인식이 공공연하다. 목회자 입장에서도 평신도 입장에서도 큰 차이를 못 느끼는 것이 사실이다. 같은 사람이지만 단지 역할만 다를 뿐이라는 인식이다. 사실 역할도 많이 바뀌었다. 요즘 평신도는 옛날의 전도사님 수준으로 성경도 많이 공부하고 사역도 전문적이며 그 분량도 많다. 그로 인해 목회자의 인성이나 영성이 평신도들에게 많이 노출되고 신비스러운 베일이 벗겨지므로 자연스럽게 평신도들의 존경심도 적어지고 인식도 부정적으로 흘러온 것 같다. 목회자도 특별한 노력이 없고, 평신도도 목회자에 대해 특별히 기대하지 않는 분위기다. 물론 아직까지도 목회자와 성도 간에 옛날처럼 이상적인 관계를 유지하고 있는 경우도 있긴 하지만, 전반적으로 그렇지 못한 경향에 대해 개인적으로 매우 안타깝게 생각한다. "목사님이 그럴 수 있나요?"라는 말이 요즘은 "목사님도 사람인데."로 무색케 되어버린다는 것이다. 체면이라도 있으면 좋으련만, 목회자 입장에서도 아무렇지도 않게 세속적이고 인간적으로 되어버린다. 베일에 가린 것 없이 모든 것이 노골적이라는 것이다. 물론 목회자도 인간이다. 하지만 고상한 척해주면 안 되는가? 예수님 비스무리하게라도 하면 안 되는가? 꼭 못난 티를 내야 하는가? 적어도 성직자라는 타이틀을 가지고 있다면 말이다. 나는 아직 목회자는 하나님과 사람 사이에서 다리 역할을 하는 것이 바람직하다고 생각한다. 인성이나 영성에 있어서 성도의 롤모델이 되어야 한다는 말이다. 그렇지 않다면 구질구질하게 살지 말고 과감하게 벗어던지길 바란다. 그렇지 않아도 내로라하는 대형교회 목사님들이 어처구니없을 정도로 빛을 잃고 있지 않는가! 다 세상적인 욕심 때문이 아닌가! 무슨 변명이 그리도 많은가! 신학생들의 자질부터 신학교 교육과정, 출세지향주의, 총회의 행태, 게다가 곳곳에서 드러나는 목회자의 인성과 영성은 도를 넘고 있는 것이 사실이다. 겸허하게 자기를 성찰하는 모습은 도대체 어디에 있는가? 자질이 안 되면 기도라도 열심히 하든가. 목회자 한 사람(대개 담임목사님)이 미치는 영향이 적지 않기 때문에 더 심각하다는 것이다. 목회자가 불필요한 석·박사는 왜 그리들 많이 하는지? 전신에 스펙이다. 목회자도 성직자인가? 한번 생각해보길 바란다.

그렇다면 목회자의 믿음은 성도보다 나은가? 그렇지도 않다. 대부분의 성도들이 싫어하는데도 경제적인 문제로 떠나지 못하고 버티는 목회자들을 종종 봤다. 그건 정의를 위한 것도 배짱도 아니다. 하나님의 '종'(일꾼 servant)이라는 사람들이 그렇게 믿음도 없고 배짱도 없단 말인가? "기도합시다!"하고 온갖 세상적인 방법을 다 동원하는 경우가 없나? 공수래공수거(空手來空手去)인데, 또 뭘 그렇게 많이 챙기려고 하는지. 요즘 성도들은 옛날과는 달리 목회자와 밀착되어 있는 경우가 많아 목회자의 인성과 영성에 대해 비교적 잘 알고 있으며, 평신도들의 전반적인 인성이나 지식수준도 높아진 것이 사실이다. 옛날처럼 무조건적 복종을 요구하거나 얼렁뚱땅 얼버무리고 고함치고 변명한다고 되는 것이 아니다.

요즘 중·대형교회의 목회자들은 정치집단의 두목이나 기업의 오너와 크게 다르지 않다. 성직자라기보다는 경영주에 가깝다. 목회자의 잘못된 권위주의는 도대체 어디서 나오는가? 예수님도 그러한가? 나 자신도 예술가로서 누구보다도 엄격하게 자신을 성찰하는 사람 중 한 사람이고 10년 이상 대학에서 강의를 하다 보니 대화나 상담도 많이 하는데, 유독 목사님과 이야기하거나 메일을 주고받으면 허심탄회한 것이 통하지 않는다는 것이 참 아이러니하다. 내 짐작으로는 목사님의 분별력이나 판단력이 부족해서 일단 반대하고 보자는 것 같다. 북한 측의 남북대화처럼 아마 대화도 하기 전에 미리 예상 답안을 정해놓는 것 같기도 하고. 한 마디로 열린 마음으로 대화를 하는 것이 아니라는 의미이다. 이건 절제도, 지혜도, 신중함도 아니다. 목사님과 대화를 하면 마치 목석과 대화하는 느낌이 든다. 두 번 대화하고 싶은 생각이 딱 사라진다. 목회자가 하나님과 가까워도 더 가까울 텐데. 대화를 해보면 진심인지 가식적인지 충분히 구분이 되리라고 생각하는데, 그것도 그렇지 않은 모양이다.

어쩌다 평신도가 목회자를 걱정하게 되었는지. 요즘 목회자는 강단과 삶의 거리가 너무 멀다. 그러면서도 왜 그리 어려운 목회의 길을 굳이 가려는 것일까? 이 세상에서 가장 행복한 사람이 목회자이지만 가장 불행한 사람도 목회자이다. 삶이 따라주지 않는 목회자는 입만 열면 거짓말이 되기 때문이다. 강단에서는 청산유수(靑山流水)다. 삶은 완전히 다르다. 아마 가장 거짓말을 잘 하는 사람도 목회자일 것이다. 그러면서 또 가장 뻔뻔한 사람도 목회자이다. 인간은 결코 온전할 수 없다는 사실은 나도 알고 있다. 하지만 인간은 단번에 성화(聖化) 되지 않는다는 사실도 나는 알고 있다. 그래서 우리는 지금 모든 것을 원점에서 출발해야 한다. 평신도는 늘 목회자로부터 훈계를 듣는다. 목회자는 그마저 들을 때가 없다. 그래서 내가 고양이 목에 방울을 다는 것이다. 너무 비난하지 않길 바란다. 이 시대에 진정한 목회자를 보고 싶다. 참으로 하나님이 기뻐하시는 목회자 말이다.

요즘 찬양대, 무엇이 문제인가

요즘 찬양대석이 없는 교회가 많다. 아예 찬양대(성가대)가 없는 교회도 있다. 바야흐로 한국교회는 이제 찬양대를 심각하게 돌아볼 때가 되었다. 교회음악에는 여러 분류가 있지만 찬양대가 가장 중심에 서있다고 볼 수 있다. 요즘 찬양대의 문제점을 목회자, 지휘자(반주자, 솔리스트, 기악대원 포함), 찬양대원, 찬양곡 등으로 나누어 살펴볼까 한다.

종교개혁 이후에 나타나는 찬양대의 가장 큰 문제점은 정체성이 모호하다는 것이다. 구약시대와 구교(가톨릭) 시대는 언급할 필요가 없겠지만, 구교 시대의 성가대를 부정한다면 오늘날 개혁교회의 찬양대는 과연 무슨 의미를 지니는가? 찬양에 대해서는 성경 여러 곳에서 언급이 되지만 찬양대의 찬양에 대해서는 최소한 신약성경에는 구체적인 기록이 전무하다. 찬양은 회중들의 찬양만으로도 충분하지 않은가? 굳이 전문 합창단이 필요한가? 의문이 제기된다. 종교개혁 이후 왜 다시 찬양대를 조직했는지는 불분명하지만 구약시대의 모델을 근거로 하여 만들어진 것은 틀림없어 보인다. 구체적인 동기는 모르겠지만 구약시대의 전통처럼 잘 훈련된 찬양대를 통해 하나님께 최상의 영광을 돌리기 위해서 조직하였을 것이다. 그에 부수적으로 예배 분위기를 더 아름답게 한다든지 예배 참석자들에게 은혜를 끼치려는 의도도 있었을 것으로 추측할 수 있다. 생성에 관한 문제는 별도로 시간을 두고 연구되어야 할 것으로 생각되지만, 아무튼 예배의 역사로 보아 찬양대가 예배의 필수조건이 아닌 것은 분명하다. 있으면 좋고 형편에 따라 없을 수도 있는, 즉 선택사항이다. 일단 찬양대가 없어도 예배는 가능하고, 실제 작은 교회는 여건상 찬양대가 없는 곳이 많기 때문이다. 그러므로 여기서는 찬양대 존재의 당위성을 전제로 하고 이야기를 풀어나가도록 하겠다.

자! 그렇다면 요즘 한국교회의 찬양대 운영에 가장 큰 문제점은 무엇인가? 찬양의 대상에 대한 인식 부재이다. 찬양을 하면서도 찬양의 대상을 잊어버린다는 것이 가장 심각한 문제점이라 할 수 있겠다. 이것은 예배에 있어서도 마찬가지다. 예배는 하나님과 인간의 대화이다. 그중 하나님을 대상으로 하는 순서가 바로 기도, 찬양, 헌금이고, 인간을 대상으로 하는 순서가 성경봉독, 말씀, 성찬예식이다. 찬양의 대상은 결코 회중이 아니다. 하나님이다.

찬양의 대상이 불분명할 때 불행한 일들이 일어난다. 하나님의 영광을 인간이 가로채는 현상이 발생한다는 말이다. 가사도 음악도 오로지 하나님을 대상으로 해야 한다. 회중은 아무 권한이 없다. 하지만 현실은 어떤가? 회중이 손뼉 치고 은혜받았다고 난리고, 심지어는 곡이 어렵니 지루하니 호들갑들이다. 찬양의 대상은 하나님이고, 찬양의 이유는 구속에 대한 감사일뿐이다. 찬양대의 음악성이나 감정 표현을 위한 것이 아니다. 이것이 분명해지면 어떻게 찬양을 준비하고 어떤 태도로 찬양을 해야 하는지 답이 보인다. 찬양에 음악보다 영성이 더 중요한 이유가 바로 여기에 있다.

찬양대의 두 번째 문제점은 목회자(담임목사)에게 있다. 예배에서 목사님은 하나님의 역할을 대변한다. 예배의 설교가 그 대표적인 예인데, 그럼에도 불구하고 찬양대의 찬양을 예배의 장식품 정도로 생각하거나 설교를 돕는 것으로 착각한다는 것은 문제가 많다. 찬양은 독자적인 것이다. 찬양 그 자체가 작은 예물이라는 것이다. 어떤 교회에서는 찬양 연주를 기도 시간이나 목사님의 위탁의 말씀 시간에 배경음악으로 사용하는 경우도 있는데, 이것은 참으로 잘못된 것이다. 기도하는 데 배경음악이 왜 필요한가? 분위기를 유도하는 것은 지극히 인간적인 방법이다. 그리고 찬양대는 예배 분위기를 위해 있는 것이 아니다. 예배에 참여하는 장로들이나 회중들의 인식도 잘못

되긴 마찬가지다. 찬양대석을 만들었다가 없앴다가 강대상으로 향했다가 청중을 향했다가 뭐 하는 것인지. 그러한 아이디어들은 도대체 누구를 위한 것인가? 찬양대를 보면 그 교회 담임목사님의 영성을 알 수 있다. 그만큼 담임목사님의 영향이 크다. 담임목사님은 찬양대의 운영과 준비과정을 철저히 체크하고 영성 있는 찬양을 위해 최대한 지원해주어야 한다.

찬양대의 세 번째 문제점은 찬양대 운영에 가장 직접적인 영향을 미치는 지휘자에게 있다. 더 정확하게 말하면 지휘자의 자질 문제이다. 지휘자는 신앙적으로나 음악적으로 대원들의 모범이 되어야 한다. 찬양대 지휘를 음악 활동의 하나로 생각하거나 아르바이트 수단으로 생각하는 지휘자가 적지 않다. 문제는 그런 지휘자가 버젓이 활동해도 목회자나 대원들이 눈치채지 못한다는 사실이다. 지휘자는 그저 대원들 수준이 아니라 대원들의 신앙을 리더 할 만큼 영성이 깊어야 한다. 신앙고백이 분명한 사람이어야 한다. 지휘자는 누구보다 하나님을 사랑해야 한다. 거기에다 음악적인 역량도 갖춘다면 금상첨화(錦上添花)이다. 하나님의 눈살을 찌푸리게 하지 않기 위해서는 좋은 음악을 선택하고 잘 다듬을 수 있는 역량도 매우 중요하다. 반주자나 솔리스트, 기악대원을 섭외할 때도 영성에 대한 문제가 우선되어야 함에도 그렇지 못한 것이 현실이다. 전도를 목적으로, 또는 인원 동원이 어려워 그렇다고는 하지만 위험천만한 일이다. 이것 역시 사람을 위해서 하는지 하나님을 위해서 하는지를 잘 생각해보면 답이 분명하다. 결코 음악적인 기량만으로 영성 있는 찬양을 드릴 수 없다. 지휘자는 영성 있는 찬양을 위해 찬양을 준비하는 전 과정을 세심하고 엄격하게 감독해야 한다.

찬양대의 네 번째 문제점은 대원들에게 있다. 물어보면 다들 최선을 다한다고 말하지만 실상은 그렇지 못하다. 대부분 이미 타성에 젖어있다. 정확하게 말하면 적당한 선에서 최선을 다할 뿐이다. 앞에서 언급한 찬양의 대상에 관한 문제는 아무리 강조해도 지나치지 않다. 거기에 답이 있다. 완벽한 음악성을 가진 하나님께서 매주일 강대상 위에 앉아서 우리가 부르는 찬양을 직접 듣는다고 가정해보면 어떤 자세로, 얼마나 정성껏 준비해야 할지 감이 잡힐 것이다. 그래도 지각하고 다른 핑계 댈 것인가? 교회마다 찬양대사역을 가볍게 생각하고 지원하는 것도 문제다. 찬양대사역은 영성과 음악적인 훈련을 겸비해야 하므로 단단히 각오를 하지 않으면 소화하기 힘들다. 시간도 많이 내어야 하고 집중해야 하는 시간도 길다. 게다가 개인적으로도 많은 연습을 해야 한다. 경우에 따라서는 혼자 크고 작은 수모를 많이 겪어야 될 수도 있다.

반대로 생각하자! 하나님께서 우리가 준비한 찬양을 들으시려고 하루 전부터 밤잠을 설쳐가며 기대감에 부풀어

있다고 생각하면 찬양을 준비하는 일이 그리 힘들지만은 않을 것이다. 얼마나 영광스러운 일인가! 파트연습도 지루하지 않을 것이고, 음정·발성 연습하는 것도 짜증스럽지 않을 것이다. 타성에 젖지 말자! 하나님을 찬양하는 일은 너무 기쁘고 행복한 사역이다. 그뿐만 아니라 진정으로 드리는 찬양은 카드에 포인트가 쌓이는 것처럼 우리의 신앙생활을 더 역동적으로 만들어 줄 것이다.

찬양대의 다섯 번째 문제점은 찬양곡에 있다. 이것은 대개 교회가 자체적으로 해결할 수 있는 문제는 아니다. 또이 문제는 본질적인 것은 아니지만 바람직한 찬양을 위해서 중요한 요소이다. 주로 찬양곡의 선정과 작곡·편곡의 수준, 그리고 출판사의 의식이 여기에 해당된다. 찬양에 있어 가장 중요한 것은 얼마나 하나님을 사랑하고 감사하는 마음을 가지고 있는가이다. 그다음 차원에서 고민할 수 있는 것이 바로 위에서 언급한 것들이다. 찬양곡을 선정하는 문제는 매우 중요하다. 아무리 사랑하고 감사하는 마음을 가지고 찬양한다고 하지만 가사의 내용이 적합하지 않거나 가사를 담는 음악의 수준이 허접하다면 좋은 찬양, 또는 최고의 찬양이라고 할 수 없다. 여기에 지휘자의 영성과 예술적인 역량이 필요한 것이다. 현재 우리나라는 중앙아트, 선민음악, 미완성, 코러스센터, 유빌라테 등 몇 개의 출판사가 비슷한 수준의 찬양곡들을 출판하고 있는데, 대부분 스타일이 대중성에 초점을 맞춰 너무 획일적이고 가벼워 예배찬양으로는 부적절한 것이 문제이다. 가벼운 음악회용으로는 괜찮을지 모르지만 하나님의 말씀을 담기에는 음악적인 수준이 너무 허접하다는 것이다. 상업적인 흥행에 편승하지 않고 예술적으로 수준 높은 찬양곡에 사명을 가진 작곡가들이 절실하다. 영성도 영성이지만 음악적인 역량을 제대로 갖춘 작곡가가 많이 필요하다는 것이다.

찬양을 굳이 전문적인 찬양대를 통해 드리겠다는 의미는 회중 찬양보다는 더 수준 높은 찬양곡을, 더 완성도 있게 드리겠다는 의지가 아닌가? 한 마디로 난장에 가서 아무거나 골라서 드리는 것이 아니라 최고의 백화점에 있는 최상의 상품을 드리려는 것이다. 지금 우리의 자세와 찬양의 결과물이 과연 그러한지 되짚어보는 계기가 되었으면 한다. 찬양은 허접한 것을 적당하게 드리는 것이 아니다. 찬양은 최상의 것을 최고의 정성으로 드려야 한다. 그 대상이 하나님이기 때문이다. 왜 내가 잘 섬기던 찬양대를 사임하고 예배와 찬양대 탐방을 다니는가? 찬양곡이 그렇게 많은데도 왜 내가 직접 편곡을 하는가? 이건 아니라는 생각이 이미 극에 달했기 때문이다.

찬양, 정말 중요한 것은 무엇인가

찬양에서 정말 중요한 것은 클래식한 찬양대인가 아닌가, 클래식한 찬양곡인가 아닌가 즉, 찬양대나 찬양곡의 스타일이나 수준이 아니다. 이것은 단지 대중음악 스타일(CCM)보다는 클래식음악 스타일이 경건한 예배와 찬양에 더 적합하다는 것을 예배음악의 문화 수용 차원에서 강조한 것일 뿐이다.

하지만 보다 더 본질적인 것은 무엇을, 어떻게 찬양하든 찬양하는 우리의 자세이다. 나는 두 가지 예배음악 스타일 즉, 클래식음악 스타일과 대중음악 스타일에서 유의해야할 점을 간단하게 짚어보려고 한다.

클래식음악 스타일

먼저 클래식음악 스타일의 찬양을 할 경우 유의해야할 것은 클래식음악 스타일의 찬양곡이나 연주 자체가 우리의 영성을 대신하지 못한다는 사실이다. 아무리 잘 다듬어진 목소리나 값비싼 파이프오르간, 웅장한 오케스트라로 찬양을 드린다 해도 중심(영성)으로 찬양하지 않는다면 회칠한 무덤이나 가증스러운 찬양이 될 수밖에 없다는 것이다. 거기에는 헨델의 '할렐루야'도, 구노의 '상투스'도 예외가 될 수 없다. 어떠한 경우에도 선율, 리듬, 화성, 음색의 고급스러움이나 화려함, 또는 음악적 깊이에 대한 인간적인 만족감(자아도취)이 앞서서는 안 된다는 것이다.

대중음악 스타일

CCM 스타일은 이미 대중음악을 표방한 것이므로 클래식 음악보다는 더 주의를 기울여야 한다. 자칫하면 인간의 감성 위주의 찬양이 되기 쉽다는 것이다. 혹시 내가 음악적인 아름다움이나 자극성에 매료되어 있는 것은 아닌지, 인간적인 흥분을 성령 충만한 것으로 오인하고 있지는 않은지 잘 점검해보아야 한다. 우리 스스로는 그렇지 않다고 주장해도 곰곰이 생각해보면 무의식중에 그런 경우가 많기 때문이다.

과연 취미생활, 스트레스 해소, 음악 행위의 행복감, 음악 자체의 흥분 때문인지 하나님으로 인한 감격(은혜) 때문인지 냉정하게 생각해보아야 할 것이다. CCM은 음악 자체가 너무 육감적이므로 가사 내용을 진정성 있게 표현하려면 더 세심한 주의(절제)가 필요하다.

진정성

　역시 중요한 것은 진정성(영성)이다. 즉, 빵모자를 쓰고 드럼을 두드리든, 마이크를 잡고 손가락을 꼼지락거리며 찬양을 하든, 아니면 턱시도를 입고 벨칸토 창법으로 찬양을 하든 우선적인 것은 지금 찬양하려고 하는 우리의 중심이 어디에 있는가이다. 하나님을 위한 것인가, 인간을 위한 것인가를 분명히 해야 한다는 말이다. 만약 그것만 된다면 음악 스타일은 문화적인 선택의 문제에 불과한 것이다. 말하자면 슬로푸드를 먹을 것인가 패스트푸드를 먹을 것인가의 문제, 그 이상도 이하도 아니라는 것이다. 중요한 것은 우리에게 주어진 최상의 것으로, 최상의 방법으로, 최선을 다해 찬양한다는 것이다.

찬양리더의 오류

    평소 흔히 접할 수 있는 찬양 리더(찬양인도자)의 오류를 몇 가지 언급할까 한다. 첫째, 찬양을 부분적으로 반복·생략하는 행태이다. 이것은 거의 난도질 수준이다. CCM이나 복음송은 그렇다 하더라도 찬송가까지 마음대로 변형시키는 것에 대해서는 심각하게 생각해보아야 할 것이다. 뚜렷한 목적 없이 1절만 관습적으로 반복하고 나머지 절을 찬송한다든지, 후렴이 있는데도 불구하고 앞부분만 부르다가 한 번씩 후렴을 한다든지, 마지막 부분을 습관적으로 반복한다든지, 후렴부터 시작한다든지 하는 경우이다. 무엇보다 찬송가는 경건하게 불러야 한다. 전문 작곡가들이 음악적으로 균형을 이루도록 신중하게 작곡한 것을 임의로 특정 부분을 반복하거나 생략한다면 원곡의 가치를 훼손하기 쉽다는 것이다. 이외에도 멀쩡한 찬송가를 재즈 풍으로 바꿔서 부르는 경우도 종종 있는데 이 경우도 역시 바람직하지 못하다. 안 그래도 회중들이 찬송가를 올바르게 부르지 않아 예배음악 차원에서 어려움이 많은데, 찬양 리더들이 시시때때로 편곡해서 찬양하므로 혼란을 더 가중시키고 있다.

둘째, 습관적으로 손뼉을 치라거나 손을 가슴에 대라든지 손을 위로 올리라고 회중들에게 지시하는 경우가 많은데, 여기에도 문제가 있다. 한마디로 분위기를 선동하는 것, 그 이상 그 이하도 아니다. 리더가 하니까 내 의사와 상관없이 엉거주춤 따라 하는 경우가 많기 때문이다. 이것은 1970~80년대 부흥회 때 손뼉 치던 것과는 의미가 많이 다르다. 내가 보기엔 찬송 부르며 손뼉 칠 일은 거의 없다. 예배는 사교모임이 아니다. 또 진정한 기쁨은 값싼 손뼉을 필요로 하지도 않는다. 감격의 눈물이 있을 뿐이다. 왜냐하면 자유가 책임과 분리될 수 없듯이 크리스천의 기쁨은 결코 십자가와 분리될 수 없기 때문이다. 현대교회와 크리스천들은 십자가를 많이 잃어버렸다. "성령이 오셨네", "이 기쁜 소식을", "나의 죄를 씻기는", "변찮는 주님의 사랑과", "나 캄캄한 밤 죄의 길에 방황했으나", "주 음성 외에는", "잠시 세상에 내가 살면서" 무엇이 그리 손뼉 칠 일이 있는가? 우리의 기쁨과 고난은 동전의 양면이다. 디스코텍이나 가라오케에서 하는 것과는 근본적으로 다르다. 조금 빠른 템포가 나오면 자동으로 손뼉 치는 회중들의 모습은 또 어떻게 이해해야 될지? 요즘 축제 일변도로 흐르고 있는 예배는 그래서 문제다. 한 마디로 사람 중심인 것이다. 감격의 눈물을 흘렸으면 흘렸지 나는 그 어떤 찬송도 손뼉 칠만한 것은 없다고 본다. 왜 아무 생각 없이 이 세상의 표현법을 따라가는가?

셋째, 찬양 리더가 찬양 앞뒤로 또는 찬양 사이에 맹목적인 멘트를 삽입하거나 뚜렷한 구분 없이 어정쩡한 기도를 삽입하는 경우도 문제다. 소위 예배, 찬양 콘티라는 것에는 성령의 인도하심보다는 불순물, 즉 인간적인 생각이 많이 끼어 있는 것이 사실이다. 1970~80년대 당시에 선교단들이 찬양하며 사이사이에 복음적인 메시지를 전했던 것과는 그 의미나 무게감이 많이 다르다. 그 당시에는 진정성이 있었지만 요즘은 짜여 진 각본을 연출하는 것에 불과하다. 회칠한 무덤도 문제이거니와 방방 뜨는 요즘 예배 분위기는 그야말로 불경건의 극치를 달린다. 경건은 뭐고 거룩은 도대체 무엇인가? 하나님과 강남스타일이 그렇게 분간이 안 된단 말인가?

넷째, 스크린에 자막이 나옴에도 불구하고 습관적으로 가사를 미리 낭송해주는 찬양 리더는 친절한 것인가, 타성에 젖은 것인가? 무엇이 바리새인이고 무엇이 세리인지, 무엇이 경건하고 무엇이 가식적인지 한번 생각해보자! 이것은 다른 이야기이지만 요즘 스마트폰 때문에 성경책도 안 가지고 다니는 사람도 많지만 성경책을 펴놓고 자막을 본다든지 찬송가를 펴놓고 자막을 보는 경우도 흔하다. 안 펴자니 왠지 불경건해 보이고 펴서 보자니 자막을 보는 것이 더 편리하니 참으로 아이러니하다.

다섯째, 근거 없는 프레이징(숨 쉬는 것)이다. 몇 년 전의 일이다. 하루는 찬양 리더하는 부목사님이 아무데나 프레이징 하길래 심장에 문제가 있나 했더니 알고 보니 그게 아니었다. 예를 들어 "고요한 바다로 저 천(쉬고) 국향할 때 주 내게 순(쉬고) 풍 주시니" 이런 식이다. 언어에도 문법이 있듯이 음악에도 나름대로 쉬는(매듭을 짓는) 법칙이 있는 것이다. 기본 법칙을 무시하는 사람은 그야말로 몰상식한 사람이다. 찬양 리더 중에 몰상식한 사람들이 많이 있다는 것이다. 도대체 기독교에 문화라는 것이 있기나 한지?

여섯째, 찬양단이 왜 여러 명인지 이해가 안 되는 경우가 많다. 내가 보기엔 리더만 있으면 될 것 같은데. 대부분의 찬양단을 보면 리더 볼륨이 거의 제왕적이기 때문이다. 이것은 음악적이지도 않고 민주적이지도 않다. 불합리, 그 자체이다. 한마디로 리더의 횡포이다. 리더는 대개 부목사님이나 전도사님이 하는데, 상식 이하인 경우가 많다. 신학교는 도대체 뭐 하는 곳인가? 이외에 설교자(대부분 담임목사)의 볼륨도 가관이다. 담임목사님은 매번 자신의 목소리가 안 들린다고 야단이고, 회중들은 하울링에 불안해하고. 교회의 음향장비, 영상장비, 너 나 할 것 없이 지어대는 비전센터, 본당 리모델링도 이제 교회

판 필요악(必要惡)인가? 제대로 된 전문가는 부족하고, 음향이든 디자인이든 하나같이 감각은 밑바닥 수준이다.

물론 모든 교회가, 모든 찬양 리더들, 모든 회중들이 그렇다는 말은 아니다. 그중에는 순수하게 하나님을 찬양하고 진정성을 가진 경우도 적지 않다. 하지만 원래의 의미(본질)를 왜곡하는 경우가 많은 것이 사실이다. 왜 손뼉치는가, 왜 손을 드는가, 왜 손을 가슴에 얹는가, 왜 뛰는가, 드럼은 왜 있어야 하는가, 드럼 치는 사람은 왜 꼭 빵모자를 써야 하는가, 찬송가는 왜 구닥다리라고(감동이 없다고) 생각하는가 곰곰이 한번 생각해보자! 지금은 혹, 보석은 없는데 화려한 빈 상자만 들고 요란하게 춤추는 것은 아닌지 심각하게 돌아볼 때다.

찬송가, 진정 우리가 놓치고 있는 것

귀국한지 10여 년이 지나가는 동안 신앙생활을 하면서 가장 안타깝게 여긴 것 중 하나는 예배음악에서 찬송가가 밀려나고 있다는 사실이다. 교회 대형화와 리모델링, 선교 중심의 비전이 개교회에 활성화되면서 어느새 찬양단과 더불어 예배음악의 자리를 차지한 것이 CCM이다. 관계자들에게 물으면 하나같이 이 사실을 부인하지만 조금만 애기해보면 쉽지 않게 그 문제점을 확인할 수 있다. 찬송가는 구닥다리이고 찬양대는 말썽꾸러기로 전락된 지 오래다. 찬송가의 편집 과정과 활용에 문제가 심각하고 개교회의 예산상, 운영상 찬양대의 문제가 적지 않은 것도 사실이다. 본인은 찬송가의 가치 회복을 위해 찬송가의 가치와 오류라는 측면에서 몇 가지 언급하고자 한다.

찬송가의 가치

첫째, 찬송가의 전통적 가치이다. 이는 민요나 동요의

121

가치와 비슷하다. 무엇인가 역사 속에 남아있다고 하는 것은 그만한 가치가 있기 때문이다. 물론 전통이라고 다 좋은 것은 아니지만 일반적으로 시대를 거슬러 남아있는 것은 보통의 의미를 넘어서는 것이 사실이다. 찬송가는 적게는 100년, 오래된 것은 200~300년 정도의 역사를 가지고 있고, 더 오래된 것도 있다. 지금까지 그렇게 해온 것처럼 지금 가스펠송이나 CCM으로 애창되고 있는 찬양도 언젠가는 선별되어 찬송가에 포함될 수도 있다. 찬송가는 얼핏 봐도 하루아침에 만들어진 것이 아니다. 우리 믿음의 선조들이 남겨준 훌륭한 신앙 유산이다. 우리에게 '고향의 봄'이나 '아리랑'이 감동을 주는 것처럼 대대로 내려오는 찬송가에는 자극적인 음악과 달콤한 가사 이상의 것이 깃들어있다는 것을 잊어버려서는 안 될 것이다. 말하자면 실용적인 것이 전부가 아니라는 말이다.

둘째, 찬송가의 음악적인 가치이다. 조금 있다 구체적으로 언급하겠지만 현재 우리가 사용하고 있는 찬송가(21세기 찬송가)는 역대 가장 문제가 많다고 해도 과언이 아닐 정도로 그 구성이 심각하다. 하지만 그럼에도 불구하고 보석 같은 찬양들이 가득한 것이 사실이다. 좋은 찬송가의 기준은 우리가 흔히 알고 있는 것처럼 결코 화려하거나 감각적인 것이 아니다. 깊이 있는 사람처럼 오히려 밋밋하다. 지극히 단순하다. 그 이유는 무엇인가? 가사보다, 하나님을 찬양하는 입술보다 더 아름답거나 화려하거나 필요 이상으로 자극적이면 찬양을 방해하기 때문이다. 절대적인 것은 아니지만 이것이 일반적인 원리이다. 찬송가 1장 '만복의 근원 하나님'을 보라! 얼마나 아름다운 찬양인가! 2장 '찬양 성부 성자 성령'은 어떤가? 5장 '이 천지간 만물들아', 8장 '거룩 거룩 거룩 전능하신 주님'은 또 어떤가? 화려하게, 자극적으로 할 줄 몰라서 찬송가가 단순한 것이 아니라는 사실을 우리는 분명히 알아야 한다.

셋째로 찬송가의 가사이다. 음악과 크게 다르지 않다. 우리는 대체로 너무 말이 많다. 하나님을 예배하는 일에 무슨 말이 그렇게도 화려하고 구구절절한가! 찬양이나 설교나 기도나 그 흐름은 크게 다르지 않다. 우리는 이제 지독할 정도로 단순해질 필요성이 있다.

"만복의 근원 하나님 온 백성 찬송 드리고,
저 천사여 찬송하세! 찬송 성부 성자 성령 아멘."

"내 주를 가까이 하게함은 십자가 짐 같은 고생이나
내 일생 소원은 늘 찬송하면서 주께 더 나가기 원합니다."

도대체 무엇이 더 필요한가? 선교가 지상 최대의 명령이라고 내세우며 세상을 향해 사탕 하나 내주고 있다고 생각할지 모르겠지만, 우리는 이제 정신 차려야 한다.

어쩌면 지금 우리가 관심을 가져야 할 곳은 외부가 아니라 내부인지도 모른다. 즉 선교가 아니라 예배, 교회 밖이 아니라 교회 안인지도 모른다는 말이다.

찬송가의 오류

늘 찬송가에 대한 문제는 끊이지 않지만 2007년에 발행된 찬송가는 특히 문제가 많다(참고로 본인이 가지고 있는 찬송가는 한국찬송가공회와 아가페가 발행한 '21C 큰 글찬송가'이다).

첫째, 찬송가 편집의 오류이다. 구성이 잘못되었다는 말이다. 한국 작곡가가 작곡한 신작 찬송가가 많이 삽입된 것은 축하할 일이지만 시(詩)의 수준이라든지 음악적인 수준, 그리고 영성이라는 관점에서 볼 때 상당히 문제가 많은 것이 사실이다. 신작 찬송가도 그렇지만 기존 찬송가의 가사나 선율, 화성을 고친 것이라든지, 조성을 바꾼 것 등에도 상당한 문제가 있다. 찬송가 자체에 오류가 너무 많아 추천하기조차 민망할 정도이다. 620장 '여기에 모인 우리', 623장 '주님의 시간에' 같은 찬양은 찬송가에 적절치 않음에도 너무 성급하게 삽입했고, 38장 '예수 우리 왕이여'는 심지어 찬송가의 핵심 부분에 삽입되어 있다. 다 열거할 수는 없지만 171장 '하나님의 독생자'(주 하나님 독생자 예수), 308장 '내 평생 살아온 길', 618장 '나 주님을 사랑합니다', 635장 '하늘에 계신'(주기도문) 등 몇

몇 곡은 저작권 때문인지는 모르겠지만 화성 처리나 선율 처리가 기존에 알려져 있는 곡보다 못한 것이 사실이다.

399장 '어린 양들아 두려워 말아라'나 621장 '찬양하라 내 영혼아'와 같은 찬양은 기존의 것과 가사가 너무 다르게 붙어 있어 어색하고 억지로 짜 맞춘 듯하다. 무슨 연유인지는 정확히 몰라도 찬송가를 자주 바꿀 수 있는 처지도 아니고 그렇게 오랜 시간을 두고 준비했음에도 어찌 이런 조잡한 결과가 나왔는지 교회음악에 관심 있는 한 사람으로서 참으로 안타까울 따름이다. 찬송가 편집위원들은 지금이라도 그 책임감을 무겁게 느껴야 할 것이다. 안 그래도 경건성이 바닥에 떨어진 이 시대의 교회에 찬송가까지 이러니 참으로 슬프다.

둘째, 찬송가 활용의 오류이다. 요즘 유년부, 청소년부, 대학부는 물론 장년을 대상으로 하는 예배나 기도회 등 모임에서까지 찬송가를 부르는 횟수가 현저히 줄어든 것이 사실이다. 탐방을 다녀보니 주일낮예배 찬송가 순서가 보통 3~4회, 적으면 1~2회, 많으면 5회까지 들어있었다. 오후예배 때는 찬송가 순서가 거의 없다고 보면 된다. 찬송가에 대한 관심이 점점 줄어드는 가장 큰 이유는 우후죽순 밀려온 CCM(찬양그룹사운드와 더불어) 붐이다. 물론 여기에는 앞에서 언급한 것처럼 한국교회의 사회 인식 악화와 성장 정체 현상을 타개하려는 교회의 개방화 및 대형화, 교회 건물과 시설의 불신자 친화적인 리모델링,

선교 중심의 비전과 밀접한 관련이 있어 보인다. 하지만 본질적인 이유는 그것이 아니다. 찬송가가 예배에서 밀려나게 된 가장 큰 이유는 한국교회의 영성 침체 현상이다. 다들 찬송가에서 영성을 발견하지 못했기 때문이다. 목회자나 찬양단 리더가 찬송가의 가치를 제대로 알았다면 그렇게 쉽게 생각하지는 않았을 것이다. 대표적인 예가 목회자가 찬송가로 만족하지 못한다는 것이다(실제로 별도의 찬양곡집을 인쇄해서 사용하는 교회도 여럿 보았다). 설교 전후나 설교 내, 즉 결단송, 폐회송, 파송의 노래 등에 찬송가보다는 CCM이나 복음성가를 월등히 선호한다는 것이다. 적지 않은 교회에서 아예 주일낮예배 앞뒤로 CCM을 주제 찬양으로 부르고 있는 것이 현실이다. 600여 곡 되는 찬송가에 CCM보다 적합한 찬양이 없단 말인가? 이는 목회자 자신부터 찬송가의 경건성과 영성을 부정하고 한갓 케케묵은 전통으로만 취급한다는 의미이다. 찬송가를 부르는 모습과 CCM을 부르는 모습만 봐도 그 진정성이 확연히 다르다. 찬송가의 맛을 제대로 몰라서 그런 것이다. 우리는 찬송가를 몰라도 너무 모른다. 찬송가를 제대로 배운 적도 없고 경외감도 없다. 마음대로 부른다.

이쯤 찬송가를 올바로 대하는 몇 가지 팁을 언급한다면 우선 악보대로 부르는 것이 좋다. 음이나 리듬을 임의로 바꾸지 말고 작곡된 그대로 표현하려고 노력해야 한다. 회중 찬송을 반주할 때는 찬송가의 화성을 반주자가 임의로 바꾸지 않는 것이 좋다. 그다음, 번역된 찬송은 대개 가사와 선율의 악센트가 일치하지 않는 경우가 많은데, 이 때는 선율보다는 가사의 뉘앙스에 맞춰 부르는 것이 좋다. 마지막으로 찬송가는 가급적 여유 있게 부르는 것이 좋다. 가사의 내용에 따라 조금 빠를 수도 있고 느릴 수도 있으나 보통보다 차분한 템포로 부르는 것이 좋다. 찬송가는 깊이 있는 가사를 표현해야 하기 때문이다. 어떤 경우에도 손뼉 치는 것은 바람직하지 못하다. 그리고 찬송가는 내가 은혜받으려고 부르는 것이 아니다. 찬송의 대상은 오로지 하나님(성부, 성자, 성령과 그 사역)이고, 찬송의 목적은 하나님을 높이고 하나님께 감사드리는 것이다. 은혜와 치유는 찬송의 목적이 아니라 결과일 뿐이다. 또한 찬송은 결코 예배를 준비하는 용도로 사용될 수 없으며 분위기를 조장하기 위해서 사용되어서도 안 된다. 찬송은 구별된 것이고 그 자체가 예배이기 때문이다.

대부분의 찬송가 가사와 곡조는 오랜 시간을 거쳐 신중하게 다듬어진 것이다. 가요가 아무리 달콤하다고 하지만 가곡의 깊이와 비교할 수 없는 것처럼 CCM이 아무리 고상하다 해도 찬송가의 영성과는 비교할 수 없는 것이다. 예배의 회복과 더불어 찬송가 회복운동이 일어나지 않으면 한국교회의 영성은 큰 어려움에 봉착하게 될 것이다.

요즘은 주일학교에서 찬송가를 전혀 다루지 않다 보니 청년이 되어도 찬송가에 익숙하지 않게 된다는 것이 또 다른 문제이다. 몇몇 교회에서는 통합예배(온 가족이 함께 드리는 예배)를 드린다든지 나름대로 노력을 하고 있으나 이것도 앞으로 한국교회가 공동으로 풀어야 할 과제이다.

찬양대와 찬송가, 우리는 참으로 좋은 전통을 가지고 있으면서도 그 가치를 모르고 있다. 우리가 진정 놓치고 있는 것이 무엇인가? 우리는 찬양대와 찬송가를 제자리로 돌려놓아야 한다. 예배는 말할 것도 없다. 물론 이에 앞서 한국교회의 영성 없는 찬양대와 이권만 챙기는 한국찬송가공회가 먼저 자숙하고 반성해야 할 것이다.

교회양극화에 대하여

 양적인 성장을 향해 질주하던 한국교회에 새로운 문제가 나타난 지 오래다. 한국교회는 양적 성장과 더불어 심각한 개교회주의 현상을 보이고 있다. 이는 자연 인구감소와 이기주의적인 사회현상과 더불어 매우 심각한 문제로 대두되고 있다. 이러한 경향은 문제 해결의 열쇠를 쥐고 있는 교단, 총회도 크게 다르지 않다. 이해관계에 따라 이합집산(離合集散) 하는 모습은 마찬가지라는 말이다. 누구도 통제할 수 없는 지경에 이르렀다는 것이다. 문제는 그러면서도 서로 '하나님의 영광을 위해서 한다'는 것이다. 누가 봐도 그건 아닌데도 말이다.

 대형교회는 너무 크다. 교인들을 버스로 실어 나르는 자체가 자연스러운 것이 아니다. 설교 잘하는 목사님, 시설이 잘 되어있는 교회, 또는 내 마음에 맞는 교회를 찾아가는 것이 아니라 주거지 가까운 교회로 가야 한다는 것이다. 걸어서 갈 수 있는 곳이 가장 좋다. 요즘 대형교회는 자각하는 의미에서 분립 정책을 쓰고 있지만 이것도 그리 순수하다고 볼 수는 없다. 제1 ○○교회, 제2 ○○교회, 아니면 목동 ○○교회, 서초동 ○○교회 등과 같이 같은 이름을 사용해 마치 기업의 그룹처럼 보이기 때문이다. 그 교회의 권력과 명성을 연계하는 이런 방식의 분립은 이유야 어떠하든 바람직하지 않은 것이 사실이다.

또 하나의 문제는 개척교회(자립도가 약한 기성교회도 포함)가 너무 많다는 것이다. 목사들이 너무 많이 배출되니 일차적으로는 신학교의 문제라 할 수 있겠다. 물론 교회가 없는 도서지역(농촌, 산간지역 포함)이라면 다른 이야기이다. 도심에서 교회가 넘쳐나는데 또 그 옆에 교회를 세우는 게 지금 현실이다. 아무리 봐도 하나님의 나라를 확장하려는 것이 아니라 생계형 개척 이상으로 보기가 어렵다. 물론 가끔씩 기업화된 대형교회의 문제점을 해결하기 위해 작은 공동체를 지향하는 착한 교회(미자립교회)도 있긴 하다.

교회는 교회일 뿐이다. 약간의 차이는 있을지 모르지만 다 똑같다. 폼 잴 것도, 생색낼 것도, 내세울 것도 없다. 성공한 교회도 실패한 교회도 없다. 기업문화, 대중문화, 정치문화, 기복주의, 출세주의, 약육강식, 빈익빈 부익부 등 세상적인 원리가 교회를 잠식한 것이 문제다. 지금 한국 교회의 모습을 보면 지저분하고 꼴불견이다. 하나님의 모습을 찾으면 찾을수록, 성경으로 돌아가면 돌아갈수록,

순수한 신앙을 추구하면 추구할수록 교회에 대한 회의가 더 커지는 것이 사실이다.

해법이 쉽지는 않겠지만 없는 것은 아니다. 가장 좋은 것은 천주교처럼 기득권, 개교회주의를 완전히 버리고 교단, 총회 차원에서 출석교인 약 100~300명 기준으로 지역단위로 재분배하는 것이다. 약간의 예외는 있겠지만. 그러면 인적 자원, 재원(財源)의 불균형 문제도 자연스럽게 해결될 것이다. 교회는 우리 교회가 아니고 하나님 교회이다. 우리 교회가 발전하는 것이 아니라 하나님의 나라가 확장되는 것이다. 이것은 개교회주의를 완전히 버리지 않으면 불가능할 것이다. 그야말로 주(主)도 하나요, 교회도 하나인 것이다. 부분적으로 베풀고, 나눠주는 식은 한계가 있다. 온전히 재분배가 이루어져야 한다. 물론 부작용이 있을 수도 있다. 이것은 교회가 초대교회처럼 하나님 중심으로 돌아간다는 전제하에 의미가 있는 것이다. 이것이 어렵다면 부분적으로라도 이뤄져야 할 것이다. 대형교회는 미자립교회(출석교인 50명 이하)를 적극 지원하고, 미자립교회는 가능한 한 여러 교회가 합치는 것이다. 예를 들어 건물은 있는데 성도가 적은 교회와 성도는 있는데 건물이 없어 어려움을 겪는 교회가 합치는 것이다. 물론 이에 앞서 신학대학에서는 필요 이상의 정원을 줄이고, 보다 수준 높은 훈련이 이루어져야 할 것이다.

반주자가 없어 뽕짝풍의 반주를 틀어놓고 예배드리는 것도 안쓰럽고, 커다란 예배당에 대여섯 명 앉아 예배드리는 모습을 보기도 가슴이 미어진다. 교인이 적은 것이 아니라 교회가 많은 것인데, 교회가 적은 것이 아니고 목사가 많은 것인데 왜 다들 그러고 있을까? 이 간단한 방정식이 왜 이리 안 풀리는지 참으로 눈물겨울 따름이다. 하나님의 마음은 어떨까?

대형스크린 괴물

2000년 전후 교회 리모델링이 붐을 이루며 등장한 것이 대형 스크린(screen)이다. 예배실은 공연장(또는 실내체육관)처럼 만들고, 거액을 들여 너도나도 경쟁적으로 고급 음향시설, 영상시설(대형 스크린, 프로젝터, 비디오카메라 등)을 설치하였다. 십자가는 우상숭배라고 떼어내고, 그 자리에 대형 스크린을 설치한 것이다. 십자가가 우상숭배라는 것은 어불성설(語不成說)이다. 그렇다면 설교단이나 성찬상에 있는 십자가는 도대체 무엇인가? 스크린은 찬양 가사를 띄우고, 설교 시 필요한 자막을 띄우고, 영상을 상영하는 용도로 사용된다. 그 필요성을 공감 못하는 것은 아니다. 하지만 교회마다 정면에 고정된 괴물 같은 대형 스크린은 예배에서 하나님께 집중하는데 많은 방해가 되는 것이 사실이다. 여러 교회를 탐방하며 이 부분에 대해 많이 고민해 보았는데, 스크린을 지혜롭게 사용하는 경우도 꽤 있었다. 이를테면 스크린을 강

대상 정면이 아니라 비교적 눈에 덜 띄는 곳에 설치한다든지, 고정식이 아니라 개폐 조절 가능한 스크린을 설치해 최소한의 용도로 사용하는 경우이다. CCM이나 복음성가를 부르지 않는 주일낮예배에서는 거의 사용하지 않고, 주일오후예배나 금요기도회와 같이 찬송가 외의 찬양을 많이 할 경우에만 사용하는 것이다. 예배시간에 찬송가나 성경책을 지참하지 않는 것이나 지참했다 해도 펼쳐볼 일이 없는 것도 상당한 문제이다. 스크린을 사용하는 것이 절대적으로 잘못됐다고 할 수는 없지만 상당히 부정적인 영향을 끼치고 있고, 잘못된 방향으로 흘러가고 있는 것은 사실이다.

대형 스크린은 그야말로 하나님께 집중하는 데 방해되는 괴물이다. 나도 모르는 사이에 설교자의 가짜 얼굴을 바라보게 만들고, 예배자들을 수동적으로 만든다. 교회 재정을 갉아먹는 돈 먹는 하마이기도 하다. 예배에서 대형 스크린 괴물을 몰아내자! 대형 스크린 괴물을 몰아내는 데 적극적으로 찬성한다. 대신 십자가를 달자! 스크린 대신 십자가를 바라보는 것이 훨씬 유익하리라. 인간은 보고 보고 또 봐도 집중할까 말까 한다. 그래도 스크린이 필요하다면 가장자리에 설치하고, 최소한의 용도로 사용하길 권유한다.

하나님은 거룩하시다

하나님은 거룩하시다. 우리가 지금 하나님에 대한 자세가 경건하지 못하다는 것은 인간의 예법(禮法)만 생각해도 알 수 있다. 우리가 최고의 권위를 가진 사람에게 어떠한 자세로 대하는가? 하나님은 최소한 그 사람들보다는 존귀하신 분이지 않는가! 말은 "전지전능하시고 무소부재하시고 홀로 거룩하시다"라고 입버릇처럼 하지만, 실제로는 마음씨 좋은 동네 아저씨 정도로 착각하고 있는 듯하다. 언제든지 말만 하면 채워주시는 자비로운 분이긴 하지만 사랑과 이해심이 너무 많으셔서 특별한 예의를 갖출 필요는 없는 그런 존재라고 생각하는 듯하다. 그저 이러니한 정도가 아니다. 민망해서 조금 예의를 갖추려고 하면 바리새인 같은 외식주의자(또는 형식주의자)로 치부한다.

우리는 하나님께 직장 상사에게 하는 만큼도 하지 않는다. 자기 아들에게는 빚을 내서라도 따뜻한 밥을 해주지만 하나님은 은혜와 사랑이 풍성하시고 자비로우시니 찬밥, 식은 밥을 아무 거리낌도, 망설임도 없이 내놓는다. 이게 경외(敬畏) 하는 것인가? 예의까지는 아니더라도 양심적으로 한번 생각해보자! 동네 어른 앞에서도 다리를 꼬지 않는데 예배할 때는 아무렇지도 않게 다리를 꼬고 있다면 이 어떻게 이해해야 하는가? 유대인들이나 무슬림처럼은 하지 않더라도 최소한의 예의는 갖춰야 하지 않는가? 다들 주워온 자식처럼 그나마 빈약한 형식도 없애려고 난리다. 그러면서 중심은 누구보다도 하나님을 존귀하게 여기고 사랑한다고 한다. "에라이, 이 염치라고는 벼룩의 간만큼도 없는 인간들아! 먼저 인간이 되어라!"라고 한마디 하고 싶을 정도이다.

형식은 내용을 위해 있는 것이다. 내용이 제대로 형성이 되면 그때는 형식을 버려도 괜찮다. 하지만 내용도 없는데 최소한의 형식까지 버리려고 한다면 이제는 하는 시늉도 하기 싫으니 대놓고 막 하자는 것밖에 안 된다. 하나님께서 "…내가 보는 것은 사람과 같지 아니하니 사람은 외모를 보거니와 나 여호와는 중심을 보느니라.…"(삼상 16:7)라고 하신 말씀은 결코 형식이 필요 없다는 의미가 아니다. 이것이야말로 전형적인 인본주의적 해석이다. 그래도 이해가 되지 않는다면 한번 하나님과 입장을 바꿔놓고 생각해보자! 내가 하나님이 되어 지금 우리가 드리는 이런 진정성 없는 예배를 받는다고 말이다. 우리가 얼

마나 잘못하고 있는지 깨닫는데 그리 오랜 시간이 필요치
않으리라.

비판정신

"비판을 받지 아니하려거든 비판하지 말라"

(마 7:1)

대부분의 사람들이 이 말씀을 잘못 적용하고 있다. 이 말씀을 가장 정확하게 이해하려면 마태복음 7장 12절을 보면 된다.

"그러므로 무엇이든지 남에게 대접을 받고자 하는 대로 너희도 남을 대접하라 이것이 율법이요 선지자니라"

바로 이런 의미다. 더도 덜도 아니다. "남을 비판하면 상대방의 기분이 안 좋게 되고, 결국 너도 비판을 받을 수 있다"라는 말이다. 서로 사랑하라는 말이다. 정말 사리분별을 하지 말라는 말이 아니다. 죄를 방석 삼아 서로 죄에 눈을 감으라는 말은 더더욱 아니다.

"비판하지 말라"는 말은 "비난을 위한 비판, 비판을 위한 비판, 공의와 사랑이 전제되지 않은 비판"을 하지 말라는 의미이다. 분별할 줄 모르는 우둔하고 어리석은 인간이 되라는 의미가 결코 아니다. 이런 말은 주로 그룹의 사악한 지도자들이나 목회자들이 자신의 목적에 방해받지 않기 위해 잘못 이용하는 경우가 많다. 달리 말하면 "토를 달지 마라" "이의를 제기하지 마라"라는 의미로 이용하는 것이다. 그런 말은 예수님처럼 자신이 온전할 때 할 수 있는 말이다. 그렇지 않다면 매우 두려운 말이다. 혼자 악한 길로 가는 것이 아니라 단체로 불구덩이에 몰아넣는 것이기 때문이다. 하나님의 말씀에 순종하는 것과 악한 꾀를 용납하거나 거기에 굴복하는 것은 완전히 다른 것이다.

　지금 시대의 세상과 교회는 오히려 반대다. 냉철한 분별력을 필요로 한다. 또 그런 사람들을 많이 키워야 한다. 아이들에게 질문을 많이 하라고 하는 것도 그런 의미가 아닌가! 오늘날과 같이 가치관들이 혼란한 시대에는 더더욱 비판정신을 키워야 한다. 그것이 건강한 사회이고 건강한 교회이다. 총을 맞더라도 맞는 것은 맞고 아닌 것은 아니라고 당당하게 말할 수 있어야 한다. 그렇다고 예의 절차를 무시하고 막 대들라는 말은 아니다. 파괴를 위한 비판, 인민재판식 비판은 안 된다. 건전한 비판은 어디까지나 공의와 사랑이 전제되어야 한다. 그저 근거도 없는 편협한 생각을 무책임하게 퍼붓는 것은 건전한 비판이 아니다.

비판정신은 공동체에서 소금과 같은 역할을 하는 매우 중요한 덕목이다. 비판은 공동체가 썩지 않게 한다. 비판이 사라지면 비로소 공동체의 위기가 시작되는 것이다. 결국 공멸할 수밖에 없다. 독재자들은 먼저 비판을 잠재운다. 호랑이의 이빨부터 썩게 만드는 것이다. '비판하지 말라'는 달콤한 말에 속아서는 안 되는 이유이다. 이(齒牙) 다 썩고 후회 말고, 썩기 전에 정신 차리자!

예배에서 드럼을 몰아내자

　　요즘 젊은이들은 CCM(씨씨엠)이나 드럼이라는 악기에 대해 비판하는 것을 의아하게 생각할 수도 있을 것이다. 하지만 한국교회음악의 역사를 조금이라도 아는 사람이라면 내가 왜 이토록 강하게 주장하는지 이해하는 것이 그리 어렵지 않으리라 생각한다. 2000년 전후에 대중음악이 교회로 무비판적으로 흘러들어오기 시작했는데, 그 중 가장 치명적이라고 생각하는 것이 바로 드럼(드럼 세트)이라는 악기이다. 대중음악의 상징적인 악기이다. 예전에는 저녁예배 전이나 금요기도회 때 전도용, 친교용으로 찬송가 사이에 잠시 복음성가를 부르던 것이 요즘은 CCM이라는 이름으로 아예 예배음악을 잠식하고 있다. CCM이 없으면 예배가 어려울 정도이다. 오히려 찬송가를 간헐적으로 부른다. 어린이나 청소년들은 예배시간에 아예 찬송가를 부르지 않는 곳도 많다. CCM은 가사 빼고는 완전히 대중음악적인 요소로 되어있다. 곡도, 연주 방식도, 악기도, 심지어는 분위기도 쏙 빼닮았다. 언젠가부터 이것이 앞서가는 교회음악문화로 치부되고 있다. 큰 교회가 그러하니 작은 교회는 정신없이 따라가고 있다. 자성(自省)의 목소리는 찾아보기 어렵다. 드럼이라는 악기가 그 중심에 있다. 대중음악풍의 찬양곡이 필요하다는 것은 어느 정도 이해할 수 있다. 키보드나 베이스기타까지도 이해할 수 있다. 하지만 드럼은 아니다. 드럼 자체는 상징성도, 음향도 교회·예배의 거룩성과 경건성에 전혀 어울리지 않는다. 한마디로 도움이 되지 않는다. 더 정확하게 말하면 정서적으로 매우 자극적이며, 하나님께 집중하는데 방해가 될 따름이다. 처음 교회 나오는 사람도 이건 아니라며 손사래 칠 정도이다.

요즘은 고급 드럼 부스까지 유행하는 듯하다. 엉뚱한데 교회 예산을 낭비하면서도 전혀 가책을 느끼지 못한다. 파이프오르간 옆에 드럼이 자태를 뽐내고 있다. 교회마다 드럼이 강대상 상석에 보물단지 모시듯 있다. 이게 무슨 진풍경인가! 정신이 나가도 한참 나갔다. 교회들이여! 속히 드럼을 몰아내자! 물론 드럼 업계에 종사하고 관련된 분들께는 매우 미안한 말이지만 업계의 이익을 떠나 냉정하게 한 번 돌아볼 일이다. 하나님의 거룩한 속성에 대해 한 번이라도 고민해 본 적이 있는가? 세속화된 나도 드럼 소리를 견디며 예배하기가 너무 힘든데, 하물며 거룩하신 하나님은 어떠하실까? 드럼 세트가 과연 예배에 합당하다고 보는가 말이다. 우리는 우리가 할 수 있는 최상의 음악을 최상의 악기로, 최상의 연주로 하나님께 찬양해야 한다. 이 최상에 꼭 드럼 세트가 들어가야 하는가 말이다. 참 지나가는 삼척동자도 웃을 일이다. 교회가 언제 이렇게 세속화되어 버렸나? 얼마나 좋은 악기이기에 굳이 술집에 있던 것을 예배에까지 들고 와야 하는가 말이다. 지금까지의 예배가 너무 경건해서 축제 분위기로 만들자는 것인가? 축제 분위기를 꼭 대중음악으로, 대중문화로, 드럼 세트를 연주하며 세속적인 방식으로 해야 하는가 말이다. 그 허접한 것을 위해 그렇게 좋은 교회음악문화를 헌신짝 버리듯이 내팽개쳐야 했는가 묻고 싶다. 바흐도, 헨델도, 찬송가도, 오르간도, 찬양대, 찬양대석도 말이다. 참으로 참담하다.

가는 곳마다 목회자에게 드럼을 폐기하라고 권유하지만 문제의식이 없는 것은 말할 것도 없고, 간혹 뜻은 있어도 청년들이나 관계자 눈치 본다고 그런지 아무것도 못하고 있는 것이 현실이다. 이것이 너무 개탄스럽다. 순교는 언제 하려고 하나? 누구를 위해 이렇게 드럼을 숭배하고 있는가? 나는 우리 한국교회가 지금이라도 하나님을 위해, 교회를 위해, 예배를 위해 꼭 해야만 하는 것이 이것인지 한번 돌아보길 정중히 부탁하고 싶다. 드럼 업계는 호황에 웃을지 모르겠지만 한국교회의 영성은 점점 추락하고 있다는 사실을 잊어버리지 않길 바란다.

한국교회여! 예배에서 드럼을 몰아내자! 몰아내자! 몰아내자!

한국의 목회자들이여, 옷을 찢자

"왕이 율법의 말씀을 듣자 곧 자기 옷을 찢더라"

(대하 34:19)

유다왕 요시야가 서기관 사반이 읽는 율법의 말씀을 듣고 보인 반응이다. 요즘 열왕기, 역대기를 묵상하며 절감하는 것이 지도자가 중요하다는 사실이다. 지도자 한 사람이 정말 중요하다는 것이다. 하나님을 떠난 잘못된 지도자 한 사람이 온 백성을 사지(死地)로 내모는가 하면, 하나님을 경외하고 순종하는 지도자 한 사람이 온 백성을 복된 길로 인도한다는 것이다.

"이와 같이 요시야가 이스라엘 자손에게 속한 모든 땅에서 가증한 것들을 다 제거하여 버리고 이스라엘의 모든 사람으로 그들의 하나님 여호와를 섬기게 하였으므로 요시야가 사는 날에 백성이 그들의 조상들의 하나님 여호와께 복종하고 떠나지 아니하였더라"

(대하 34:33)

오늘 우리 시대는 왜 자기 옷을 찢으며 통곡하는 목회
자가 없는가? 몰라서 그런가? 알아도 못하는가? 아니면
너무 만족스러운가? 예수님처럼 살진 못해도 시늉이라도
해야 하지 않는가? 교회음악, 예배음악만 보라! 누가 이렇
게 가증스럽게 만들었는가? 이게 도대체 예배음악인가?
통탄하지 않을 수 없다. 목회자는 정말 괜찮단 말인가? 도
대체 우리가 하나님을 위해 구별하는 것이 무엇인가? 참
오만방자하기 짝이 없다. 세상의 찌꺼기만도 못한 것을
거룩한 하나님께 드린다는 것이 어찌 용납이 되는지 이해
가 안 된다. 예배당은 창고나 체육관, 공연장으로 만들고,
십자가는 우상숭배라며 스크린과 맞바꾸고, 음악은 세상
음악으로 도배하고, 찬송가는 팔아먹고, 예배라는 것은
축제라며 굿판처럼 만들어 놓고, 설교라는 것은 원맨쇼도
아니고 도대체 뭐 하는 것인가? 좋은 문화는 다 팔아먹고
허접한 것들만 들여놓으니 이게 다들 제정신인가?

거룩→자극, 예배→쇼, 예배당→공연장, 십자가→스
크린, 찬송가→CCM, 찬양대→찬양단, 오르간→드
럼, 설교→강의, 하나님→?

참 이해가 안 된다. 이 나라의 목회자들이여! 더 늦기 전에 예레미야와 같이, 요시야와 같이 옷을 찢으며 통곡하자! 예배는 예배지 예배가 무슨 축제인가? 예배(禮拜)는 하나님을 대상으로 하는 것이고, 축제(祝祭)는 사람들을 대상으로 하는 것이다. 예배가 무슨 뜻인지 먼저 사전에서 한번 찾아보길 권유한다. 예배가 제대로 안되는데 선교는 무슨 개풀 뜯어 먹는 소린가? 결코 예수님의 지상명령인 선교를 폄하하려는 것이 아니다. 예배를 회복하는 것이 우선이라는 의미이다. 또 선교를 핑계하며 예배를 소홀히 하는 교회에 경종을 울리기 위한 의미이기도 하다. 그리고 참된 예배자만이 진정한 선교를 할 수 있다. 대한예수교장로회 총회 소요리문답 맨 첫 질문이 "사람의 제일 되는 목적이 무엇인가"이다. 답은 "사람의 제일 되는 목적은 하나님을 영화롭게 하는 것과 영원토록 그를 즐거워하는 것이다(고전 10:31, 롬 11:36, 시 73:24~26, 요 17:22~24)"라고 되어있다. 이것이 예배가 아니고 무엇인가? 요즘 이 답이 잘못된 것이 아닌가라는 의구심이 든다. "사람의 제일 되는 목적은 선교이다"로 고쳐야 하지 않을까? 요즘 "예배의 본질을 회복하자"라는 구호를 가끔씩 본다. 하지만 대부분은 하나님께 초점을 맞추는 예배가 아니라 다른 포석이 깔려있는 듯하다. 그야말로 그 구호도 속 빈 강정에 불과하다는 것이다.

진정한 예배를 회복하자! 이것만이 한국교회가 살길이

다.

포도원을 허는 작은 여우

예수·복음 외엔 다 바꿀 수 있다고 말하는 사람들이 위험하다. 포도원을 허는 작은 여우처럼 매우 무서운 사람들이다. 매우 쿨(cool) 하고 친절한 사람처럼 보이지만, 실상 이런 사람들이 자기 프레임에서 꼼짝도 못 하는 사람들이요, 바리새인보다 못한 사람들이다. 이런 사람들은 자기 입맛에 맞는 것만 잘 수용한다. 이런 사람들은 전통문화와 형식을 헐어버리기를 즐겨 한다. 정작 자기 것은 하나도 안 바꾼다. 선한 목자로 슬그머니 들어와 삯꾼 목자로 사라진다. 매우 인자하다. 아이러니하게도 대중들은 이런 사람을 좋아한다. 이런 사람들은 무너지는 것은 한순간이지만 세우는 것은 얼마나 어려운지 모른다. 이런 목회자들이 교회가 기업 되게, 예배가 난장판 되게 만들었다. 이런 사람들이 주로 해도 안 되는 교회나, 안 해도 저절로 되는 교회를 목회한다. 이런 사람들은 자기도 지옥 가고, 다른 사람들도 그리로 몰고 간다. 책임감이라고는 눈곱만큼도 없다. 이런 사람들이 대개 은혜를 강조한다. 비판을 싫어한다. 노력을 싫어한다. 행위도 싫어한다. 형식도 싫어한다. 하나님보다 예수님을 강조한다. 거룩을 싫어한다. 조금이라도 행위를 강조하면 바리새인으로 몰아붙인다. 자기 프레임을 조금이라도 벗어나려면 벌떼같이 달려들어 난리를 친다. 매우 인자한 사람처럼 보이지만 결정적인 순간엔 매우 잔인하다. 무자비하다. 남에게는 다 버리라고 하고, 자기는 하나도 안 버린다.

나는 이런 정치인, 목회자들이 진저리난다. 이런 사람들은 결코 정죄하지 않는다. 단지 이렇게 말할 뿐이다. "너는 잘하나?" "너도 완벽하지 않잖아?" 참 신앙생활 쉽게 한다.

의인은 없나니 하나도 없으며

"의인은 없나니 하나도 없으며…"(롬 3:10)

의인이 하나도 없다는 말은 어차피 인간은 연약하기 때문에 죄를 짓는 것이 당연하다는 말씀이 아니다. 원죄(原罪)에 대해 경고하는 말씀이다. 인간은 하나님의 은혜가 없이는 구원받을 수 없다는 것이 핵심이다. 이미 구원받은 사람들에게 하는 말씀이 아니다. 사람들은 이 구절 때문에 의인이라는 말을 애써 무시하려고 든다. 참 어리석기 짝이 없다. 하나님께서는 욥, 에녹, 노아, 모세, 요셉, 다니엘, 사무엘, 엘리야, 스데반 심지어는 다윗까지도 인정하시는데, 왜 인간은 원래부터 형편없으니 죄구덩이에서 살 수밖에 없다고 하는 걸까?

"여호와께서 사탄에게 이르시되 네가 내 종 욥을 주의
하여 보았느냐 그와 같이 온전하고 정직하여 하나님을

경외하며 악에서 떠난 자는 세상에 없느니라"(욥 1:8)

"…노아는 의인이요 당대에 완전한 자라 그는 하나님과
동행하였으며…" (창 6:9)

　도대체 죄인에 머물길 원하는 이유가 뭘까? 조금 거룩
하게 살아가려면 바리새인이라고 한다. 형식이나 행위를
조금 강조하면 외식주의자나 행위구원론자로 몰아붙인
다. 인간은 누구나 의롭게 살려고 노력해야 하는 것이 당
연한데, 교회에서는 왜 바리새인 취급받아야 하는 것인
가? 참 아이러니하다. 힘 빠지게 만든다. 이 사람들이야말
로 천국 문에 다리 딱 걸치고 자신도, 다른 사람들도 못 들
어가게 막는 사람들 아닌가?
　여러 가지 이유가 있겠지만 불의를 묵인하고 불편한 관
계를 만들지 않겠다는 의도나 자신의 불의를 합리화시
키려는 의도가 가장 큰 이유인 듯하다. 이런 사람들은 힘
들게 풍선에 바람을 가득 채우면 바늘로 한방에 터트리
는 사람들과 같다. 그러면서 매우 자비로운 척한다. 음침
한 사람들이다. 사악한 사람들이다. 손 하나 까딱하지 않
고 남을 정죄한다. 열심히 하는 사람들에게 손가락질하며
"교만하다" "율법주의자다" "바리새인이다"라고 한다. 아
이러니하게도 이런 사람들이 또 "남을 비판하지 말라" "정
죄하지 말라"라고 핏대를 높인다.

이 사람들은 하나님 중심이 아니다. 인간 중심이다. 우리가 하나님을 아버지라 부르는 순간부터 모든 것이 달라져야 한다. 거짓말쟁이가 정직하게 되고, 게을렀던 것이 부지런하게 되고, 악했던 것이 선하게 되고, 이기적이었던 것이 이타적이 되고, 질서 없던 것이 질서 있게 되고, 인간 중심이었던 것이 하나님 중심이 되어야 한다는 말이다. 거듭났기 때문이다. 생각과 행위가 모두 달라져야 한다. 그래서 새사람이다. 그래야 그리스도의 향기가 드러날 것이 아닌가! 그렇지 않다면 기독교는 아무것도 아니다. 입만 살아있는 기형적 종교일 뿐이다. 기독교는 원래 그런 종교가 아니다. 산상수훈(마 5~7장)은 도대체 뭔가?

대해 스님의 영화 '산상수훈'에 대해

　'산상수훈'이라는 영화가 나왔을 때 "뭘까?" 매우 궁금했는데, 스님이 만든 영화라고 해서 더욱 궁금했다. 그 당시 개인적으로도 '산상수훈'에 관심이 많았다. "스님이 왜 '산상수훈'이라는 소재로 영화를 만들었을까?" "개종(改宗)이라도 하려는 걸까?" "뭘까?" 매우 궁금했었다. 한번 보려고 몇 번 인터넷을 뒤적거렸는데, 상영시간이 맞지 않아 여태 못 보고 있다. 어제 유튜브에서 '산상수훈'을 검색하던 중 "영화 '산상수훈' 보기 전 꼭 봐야 할 영상 1"이라는 영상이 있어서 보게 되었다. 영화감독인 대해 스님(유영의, 경산 대해사 국제선원장) 자신이 올린 듯했다. 뭔가 해서 흥미롭게 봤는데, 영화를 제작한 의도를 잘 설명해주는 듯해 여러 가지 의문이 풀리게 되었다.

　대해 스님의 제작 의도를 한마디로 말한다면 본인이 깨달은 본질(불교의 진리)을 이웃종교에게 가르치려는 것이다. 불교에 대해서는 이미 도(道)를 깨달았고, 이제 다른 종교의 문제가 무엇인지, 왜 잘 안되는지, 맞게 하고 있는지에 관심을 가지고 있다고 한다. 또 진리는 하나이고, 모든 종교는 하나로 통한다는 것이 그의 기본 생각인 듯하다. 본질은 하나인데 불교, 기독교, 유대교 등의 다양한 현상으로 나타난다는 논리이다. 종교의 통합과 화합을 주장하고 있다. 게다가 모든 의문을 풀고 천국으로 들어가는 길을 안내하기 위해 이 영화를 만들었다고 한다. 참 아이러니하다. 기독교의 사고방식으로는 도저히 이해할 수 없지만 불교에서는 가능한 듯하다. 나도 '산상수훈'으로 작곡을 하고 음악회도 가졌지만 '산상수훈'이 기독교의 본질은 아니다. 기독교의 본질은 성경의 맨 앞에 있는 말씀이다. "태초에 하나님이 천지를 창조하시니라"(창 1:1). 이것이 전제되지 않는 어떠한 궤변도 기독교의 본질이 될 수 없다. 대해 스님의 핵심적인 주장이 바로 이 진리를 거스르고 있다. 종이배, 종이비행기, 종이학의 본질은 종이인 것처럼 하나님, 예수님, 인간도 본질적으로 같은 존재라는 주장이다. 사람이 하나님의 '형상'대로 지어졌기 때문이라고 한다. 불교에서는 하나님과 인간을 같은 존재로 이해하려고 하지만 그것은 본질적으로 잘못된 것이다. 하나님은 '신'이시고 '창조주'이시다. 인간은 '피조물'이다. 하나님과 인간은 본질적으로 다르다. 인간을 하나님과 동일한 자리에 놓으려는 것이 구약에서 지적하는 핵심적인 죄(罪)다. 하나님께서 가장 싫어하시고 가증스러워하시는 것이 바로 그것이다. 이것은 전형적인 물타기이다. 하나님을 사람의 자리로 끌어내리고, 사람이 하나님의 자리로 올라가려는 것 아닌가? 아담이 선악과를 따먹은 사건도 하나님과 같이 되려다 영원히 에덴동산에서 추방된 것이다. 나도 "구원은 전적으로 하나님의 은혜로 이루어지지만 기독교인들이 너무 행함이 없다는 것"을 웅변하고 있긴 하지만, 스님이 '산상수훈'을 들고 나와 기독교인들에게 가르치려 드는 것은 도대체 무슨 망측한 일이란 말인가!

대해 스님이라는 분이 얼마나 오만한지 본인은 이미 본질을 깨달았다고 한다. 뿐만 아니라 20여 년 전 본질을 알고 나서부터 이 지구에 있는 모든 사람들이 영원히 푸르고 아름답게 살게 해야 되겠다고 생각했으며, 성경을 보는 분들에게 본질을 알게 하려고 '산상수훈'이라는 영화를 제작했다고 한다. 참 어이가 없다. 본인은 지금까지는 이런 의문들을 공개적으로 질문하지도 못했고 대답하는 사람도 없었지만, 이제 이런 질문을 할 수 있어 세상이 참 좋아졌다고 한다. 정확하게 말하면 세상이 좋아진 것이 아니라 그만큼 타락한 것이다. 또 지금은 사람들이 하나님과 천국에 대해 편하게 생각한다고 한다. 지금은 이런 질문을 해도 되겠다고 생각해서 '산상수훈'을 제작했다고 한다. 어떤 관객은 "종이 주인이 되는 영화"라고 했다는데, 아마 그 관객이 정확하게 간파한 듯하다.

대해 스님은 성경에서 원죄(原罪)를 가진 인간이 예수님의 십자가를 통해 죄 용서함을 받고 구원을 받으면 인간이 신과 동등한 위치에 이르게 되는 것으로 오해하고 있다. 불교에서 깨달으면 부처가 되는 것처럼 하나님의 말씀을 받은 사람도 곧 하나님처럼 된다(요 10:34~35)고 문자적으로 오인하고 있는 것이다. 오히려 기독교에서는 그렇게 안 가르치고, 하나님은 본질적으로 인간과 다르다고 가르치기 때문에 기독교가 잘 안 돌아가고 있다고 안타까워하고 있다. 고맙긴 한데 잘못 이해해도 한참 잘못 이해하고 있어 눈물 나도록 안타까울 따름이다. 단순하게 하얀 종이와 종이배로 본질과 현상을 설명하려다 보니 심각하게 왜곡된 것이 아닐까 추측된다.

다양한 종교를 가지고 살아가므로 서로의 종교를 존중하는 것은 필요하지만 사회적으로 비난받고 있는 종교라고 진리와 그 본질을 왜곡하려 드는 것은 상당히 경솔하고 무례한, 어쩌면 매우 사악한 행동이다.

기독교와 불교는 본질적으로 비교될 수 없는 종교이다. 하지만 요즘 부쩍 불교에서 물타기를 하고 있는 듯하다. 대해 스님이 만든 영화 '산상수훈'도 그중 하나이다. 기독교는 원래 명확한 종교이다. 빛과 어둠, 의와 죄, 선과 악…. 그래서 기독교는 늘 욕을 얻어먹는다. 빛이 들어가면 어둠은 반응할 수밖에 없기 때문이다. 불교는 조금 다른 듯하다. 각론은 다 비슷하게 보이지만 본질은 완전히 다르다. 이것이 이단(異端)이다. 기독교 입장에서 불교는 완전히 이단이다. 기독교가 무례하게 보이고 불교는 유순하게 보이는 이유도 그 때문이다. 전도 방식도 다른 듯하다. 기독교는 처음부터 완전히 다른 진리를 들이대어 거부감을 불러일으키는 경우가 많지만, 불교는 유사한 것으로 유연하게 포교한다. 천주교도 불교와 유사한 측면이 있다. 빛인지 어둠인지 어정쩡하게 희석하는 경향이 많기 때문이다. 사람들은 이러한 태도를 친절하다고 한다. '피~'하고 소리 내며 냄새가 지독한 '피식 방귀'와 비슷하다. 불교는 본질이 기독교와 완전히 다르고, 천주교는 본질은 비슷한데 잡동사니들이 너무 많이 묻어있다.

기독교와 불교는 애당초 비교의 대상이 아닌데 불교에서 영화 '산상수훈'을 통해 슬그머니 물타기를 하고 있다. 종교화합, 세계평화를 들고 나와 종교의 본질은 같다고 주장한다. 이는 물론 기독교의 잘못이 크다. 행위구원과 성화(聖化)를 구분하지 못하고 무조건 행위를 터부시하기 때문이다. 한마디로 대해 스님이 이 혼란스러운 틈을 타 '산상수훈'이라는 성경의 핵심을 슬그머니 들고 나와 세상을 살짝 휘저어놓은 것이다. 원래 하나님과 인간은 창조주와 피조물의 관계가 아니라 동등한 존재라고 하며, 인간도 십자가를 통해 하나님이 될 수 있다는 어딘가에서 들어본 듯한 달콤한 사탄의 이야기를 던져 놓고 구경하고 있는 듯하다. 또 우리는 원래 본질상 '하나'라고 막대사탕 하나씩 주며, '종교화합' '종교통합' '세계평화통일'이라는 핵폭탄을 슬쩍 밀어 넣고 있다.

하나님의 자녀들이 제 역할을 못하니 세상 모든 잡동사니들이 와서 기웃거리며 비웃는 게 아닌가! 교회가 세상 문화, 세상 음악에 잠식당하더니 이제 세상 종교, 세상 철학에까지 잠식당하는 것 아닌가? 한국교회 성도(聖徒)들이여! 이제 제발 정신 차리자!

포장지만 사랑하는 한국교회

오늘날 한국교회에서는 기이한 현상이 일어나고 있다. 그 크신 하나님의 사랑이 하나님의 거룩하심을 소멸하는 모순적인 현상이 일어나고 있다. 하나님의 속죄(贖罪)의 사랑을 마치 죄(罪) 먹는 하마처럼, 방탕한 성도(聖徒)에 대한 면죄부쯤으로 착각하고 있는 듯하다. 예수님도 가룟 유다는 용서하지 않으셨다.

현장에서 간음하다 잡힌 여인이 만약 또다시 그런 범죄를 저질렀을 경우에도 과연 예수님이 그렇게 용서하셨을까? 삭개오가 회개 후에도 과거처럼 불법을 자행했다면 여전히 예수님이 사랑스럽게 대하셨을까? 만약 그게 맞는다면 바리새인도 그렇게 사랑하셨어야 하지 않았을까? 한국교회가 타락했다는 것은 바로 이 때문이다. 이런 모호하고 무책임한 설교가 마치 종교개혁 당시 가톨릭교회처럼 한국교회와 성도들의 영성을 피폐하게 만들고 있다.

하나님의 사랑과 거룩하심(義)은 결코 상반되는 것이

아니라는 사실은 매우 기초적이고 본질적인 진리이다. 어떻게 하나님의 사랑(예수님의 사랑)이 클수록 성도들은 점점 타락의 길로 가야만 하는가? 성화(聖化)는 도대체 뭔가? 이런 모순이 도대체 어디 있단 말인가!

성도들에게 그저 꿀방울(잠 5:3)만 떨어뜨리며 무책임한 거짓선지자 같은 한국교회의 목회자들은 지금이라도 거룩하신 하나님과 순진한 성도들 앞에 석고대죄해야 한다. 그리고 꿀방울만 좋아하던 성도들도 이젠 깨어나야 한다. 그런 성도들이 그런 목회자들을 부추겼기 때문이다. 마치 요즘 문제인 정부와 거기에 속고 유린당하는 어리석은 백성을 보는 듯해 심히 가슴이 아프다. 이젠 미련 없이 포장지를 찢어버리자!

복 있는 사람은

"복 있는 사람은 악인들의 꾀를 따르지 아니하며 죄인들의 길에 서지 아니하며 오만한 자들의 자리에 앉지 아니하고 오직 여호와의 율법을 즐거워하여 그의 율법을 주야로 묵상하는도다 그는 시냇가에 심은 나무가 철을 따라 열매를 맺으며 그 잎사귀가 마르지 아니함 같으니 그가 하는 모든 일이 다 형통하리로다"(시 1:1~3)

성도들이 이 말씀을 사랑하는 이유는 대개 기복적인 데 있는 듯하다.

"그가 하는 모든 일이 다 형통하리로다"

하지만 우리가 놓치지 말아야 할 것은 여기에 나타나는 복과 형통은 궁극적으로 세상적인 것을 의미하지 않는다는 것이다. 다윗의 삶을 보라! 사도바울의 삶을 보라! 이는 곧 하나님께서 그러한 성도를 기뻐하시며 동행하신다는 의미이다. 그의 영혼을 끝까지 지켜주신다는 의미이다. 결코 병들지 않거나 죽지 않는다는 의미가 아니다. 이 말씀의 방점은 "오직 여호와의 율법을 즐거워하여"에 있다.

상 받으려고 공부하는 학생은 공부의 본질에 이르기 어려운 것처럼 신앙생활도 마찬가지다. 그냥 하나님을 즐거워하고, 하나님과 하나가 되자!

소고 치며 춤추어 찬양하며

"할렐루야 그의 성소에서 하나님을 찬양하며

그의 권능의 궁창에서 그를 찬양할지어다

그의 능하신 행동을 찬양하며

그의 지극히 위대하심을 따라 찬양할지어다

나팔 소리로 찬양하며

비파와 수금으로 찬양할지어다

소고 치며 춤 추어 찬양하며

현악과 통소로 찬양할지어다

큰 소리 나는 제금으로 찬양하며

높은 소리 나는 제금으로 찬양할지어다

호흡이 있는 자마다 여호와를 찬양할지어다

할렐루야"(시 150:1~6)

이 말씀에서는 어디서 찬양을 하며, 무엇을 찬양하며, 어떻게 찬양하며, 누가 찬양하는지를 잘 보여주고 있다.

물론 이것이 절대적인 것은 아니지만 좋은 예가 되는 것은 분명하다. 또 여기에 나오는 악기 이름도 그 당시에 실제 사용되었던 악기와는 차이가 있을 것이다. 문제는 이 말씀을 찬양단(찬양 그룹사운드)과 워십(찬양 댄스)을 정당화하는 근거로 사용한다는 점이다. 성경에서 모든 악기를 사용해서 노래하니 드럼이든, 신디든, 베이스기타든 뭐든지 사용할 수 있다고 주장하는 것이다. 워십(춤추는 것, 몸동작)도 마찬가지다. 성경에서 춤추며 찬양했으니 문제가 없다고 보는 것이다. 물론 전적으로 잘못된 주장은 아니지만 여기에는 몇 가지 고려해야 할 점들이 있다.

첫째, 그 당시와 지금은 시대적인 배경이 다르다는 것이다. 굳이 역사적인 고찰은 하지 않더라도 짐작할 수 있으리라 본다. 시편 150편에 나오는 분위기는 온전한 예배와 찬양의 방편으로 보이지만, 현재 2000년 전후로 한국교회의 예배와 찬양에 나타나는 현상은 명백하게 세속화의 결과라는 점이다. 시편 150편에 나오는 예배와 찬양은 누가 봐도 진정성이 느껴지지만, 지금 한국교회의 예배와 찬양은 그야말로 아모스 시대(암 5:21-24)와 비슷하다는 것이다. 여러 번 언급한 바 있지만 하나님의 영광과 은혜가 너무 크고 위대해서 더 이상 조용히 앉아서 찬양하고 예배할 수가 없어서, 자연스럽게 박수를 하고 일어서고 몸짓을 하는 것은 매우 바람직하고 훌륭한 현상이다. 하지만 지금 한국교회도 과연 그런가라는 것이다. 가슴에 손을 없고 생각해볼 일이다. 이것은 기본도 안 되는 것인지 기본을 넘어서는 것인지의 차이라고 할 수 있을 것이다. 기본이 안 되는 사람은 기본에 충실하도록 노력해야 할 것이고, 기본이 되는 사람은 기본을 넘어서려고 도전해야 하는 것이 자연스러운 이치이다. 한국교회의 예배와 찬양을 반성해보자! 과연 '오르간'과 '찬양대'로는 하나님의 영광을 찬양하기가 부족해서 '드럼'과 '찬양단'이 필요했는지, '찬송가'로는 하나님의 영광스러움을 표현하기가 어려워서 'CCM'을 도입할 수밖에 없었는지 말이다.

둘째, 비슷한 의미가 되겠지만 우리의 기준은 어디까지나 '질서'와 '진정성'이 되어야 한다는 것이다. 필자가 우리의 예배와 찬양에 클래식 음악과 악기들, 그리고 경건한 분위기의 예배당을 강조하긴 했지만, 그 기준은 결코 필자의 취향이 아니라 오직 하나님의 거룩한 속성에 있다는 것을 밝혀둔다. 하나님께서 거룩하시니 결국 우리 성도가 지향하는 바도 그러해야 하는 것이 아닌가! 그것이 성화(聖化)에 부합되는 삶이기도 하다. 만약 클래식 음악과 파이프오르간, 찬송가, 찬양대의 찬양보다 대중음악과 드럼이나 베이스기타, CCM, 찬양단이 하나님의 거룩한 속성에 더 합당하다면 내 취향과 별개로 그것을 지향해야 함이 마땅한 것이다. 거기에는 일말의 주저함도 용인되어서는 안 된다. 우리는 교회 안에서 결코 개인적이거나 인본주의적인 판단을 해서는 안 된다. 우리의 판단과 선택은 오직 하나님께 있어야 한다는 것이다. 하나님을 예배하고 찬양하는데 무엇이, 어떤 것이 더 합당한지가 우리의 유일한 기준이 되어야 한다는 것이다.

필자도 본질적으로는 시편 150편의 방편에 동의하고 순수하게 그렇게 찬양할 수 있는 상황이 되길 기대한다. 그렇다면 우리도 그런 진정성을 가지고 있어야 할 것이다. 손뼉을 치고 몸을 흔들며 CCM을 부를 때, 전혀 세상적인 습관과 감정이 아니라 오직 하나님을 찬양하기에 어쩔 줄을 몰라서 그렇게 한다면 말이다. 필자는 잘 훈련된 합창단과 오케스트라로 헨델의 '할렐루야'를 찬양한다고 훌륭하고, 비 맞은 드럼을 두드리며 CCM을 찬양하는 것은 그렇지 못하다고 생각지 않는다. 오히려 그 반대인 경우가 많다고 본다. 한국교회의 현실은 오히려 후자에 가깝다. 한마디로 음악적인 외양은 화려하지만 진정성이 없다는 것이다. 그래서 '찬양대코칭사역(1~2년 단위로 교회를 순방하며 찬양대 지휘자로 봉사함)'을 하고 있는 것이다. '질서'와 '진정성'이 중요하다. 굳이 '질서'를 강조하는 것은 개인이 아니라 공동체로서 드려지기 때문이다. 또 우리 하나님은 질서의 하나님이기 때문이기도 하다. 시편 150편에 나타나는 찬양도 어디까지나 질서를 전제로 한 것이다. 아무리 하나님을 향한 마음이 불붙는다 하더라도 예배와 찬양은 영적, 정신적으로 온전한 상태에서, 거룩하게 하나님께 드려져야 한다는 것이다.

지금까지 언급한 것을 한 문장으로 정리한다면 우리가 하나님께 드리는 예배와 찬양은 내용이나 방식이 어떠하든 그것은 우리의 최상의, 최선의 것이 되어야 한다는 것이다. 그것을 전제로 한다면 그것이 무엇이 되든지 하나님께서 기뻐 받으신다는 것이 필자의 생각이다. 지금 한국교회의 가장 큰 위기는 예배와 찬양에 있다. 우리의 취향과 습관, 이해관계를 떠나 우리 모두 냉철하게 한번 돌아보길 바란다.

맺는 말

이 책의 글들을 표면적으로 이해하고 이의를 제기할 분도 있을 것이다. 하지만 꼭 밝히고 싶은 것은 여기에 언급된 표면적인 표현들은 결코 절대적인 것이 아니라는 점이다. 경건주의, 전통주의, 클래식 음악, 찬양대, 오르간, 찬송가, 십자가 표식 등 그 어떤 것도 절대적인 것은 없다. 유일하게 절대적인 것은 하나님 중심이라는 것이다. 우리가 믿고 경외하는 하나님에게 가장 합당한 방편이 무엇인가가 유일한 기준이 되어야 할 것이다. 어떤 지식과 방식, 취향, 내용도 하나님 중심에서 벗어나는 것은 정당화될 수 없다(레 10:1~2). 단지 내 입장에서, 내가 아는 범위 내에서 가장 합당하다고 생각하는 것을 추천하는 것일 뿐이다.

아마 루비콘 강(Rubicon R.)이라고 들어보았을 것이다. 아무리 봐도 지금 한국교회는 심상치 않다. 선을 넘어도 한참 넘었다는 것이 나의 진단이다. 나는 특별히 경건주의자나 근본주의자로 불릴만한 사람은 아니다. 그저 한 사람의 평범한 성도(聖徒) 일뿐이다.

나는 하나님이 떠난 교회에서 예배하고 싶지 않다. 나는 알지 못하는 신에게 형식적으로 예배하고 싶지 않다. 사랑스러운 어머니의 품속에서, 눈을 마주치며 행복하게 젖

먹는 아이처럼, 나도 하나님 앞에서 그렇게 예배하고 싶다. 이것이 이러한 글을 쓰고, 책을 펴내는 유일한 이유이다.

갑자기 영화 '국제시장'의 한 장면이 생각난다.

"막순아, 정신 똑똑히 차리라! 여가 운동장 아이다. 놀러 가는 게 아이다."